Les habitations chinoises | Cultural China Series

Cultural China Series

Les habitations chinoises

Shan Deqi

Traduit par Tang Jialong

CHINA INTERCONTINENTAL PRESS

图书在版编目（CIP）数据

中国民居／单德启等著，唐家龙等译．—北京：五洲传播出版社，2004.1

ISBN 7-5085-0435-6

I.中... II.①单... ②唐... III.民居—建筑艺术—法文 IV.TU241.5

中国版本图书馆CIP数据核字（2004）第012550号

中国民居

著　　者　单德启等
译　　者　唐家龙
责任编辑　孙海雯
整体设计　海　洋
出版发行　五洲传播出版社（北京北三环中路31号　邮编：100088）
版式制作　张　红
承 印 者　北京华联印刷有限公司
开　　本　720×965毫米　1/16
字　　数　110千字
印　　张　9.5
版　　次　2004年1月第1版
印　　次　2004年1月第1次印刷
书　　号　ISBN 7-5085-0435-6/TU·09
定　　价　85.00元

Table des matières

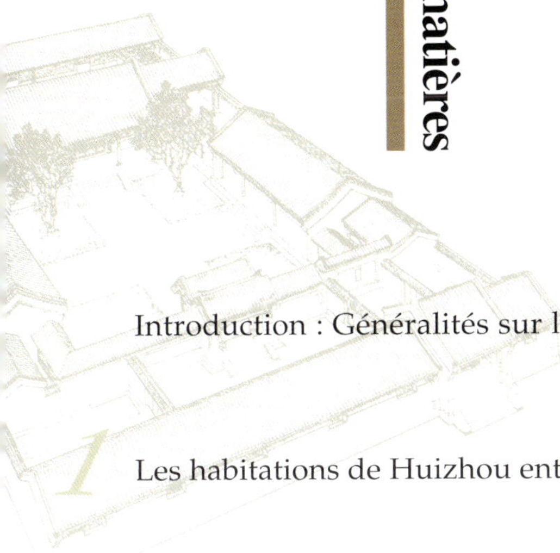

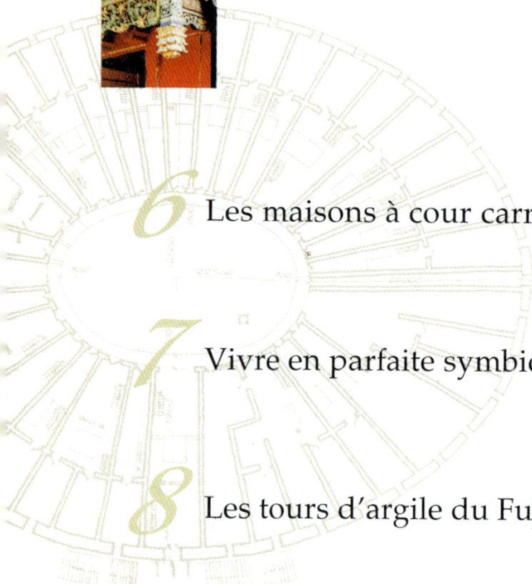

Introduction

Généralités sur les habitations chinoises

Le village de Xidi est surnommé « Paradis sur terre ».

Au cours de la 24e session du Comité du Patrimoine mondial de l'UNESCO, tenu en 2000, les vieux villages de Xidi et Hongcun, dans la province de l'Anhui, Chine, ont été classés dans la liste du patrimoine culturel mondial. Au printemps de la même année, M. Naomi Okawa, expert japonais mandaté par le Comité du Patrimoine mondial, a effectué une enquête sur les lieux. Il en a donné son évaluation en ces termes : « Le paysage rural de Hongcun est sans pareil dans le monde... Le village de Xidi conserve ses vieilles ruelles très belles, rarement vues dans le monde.» En 1997, la vieille ville de Lijiang, au Yunnan, et celle de Pingyao, au Shanxi, ont été également classées sur la liste du patrimoine culturel mondial. Le célèbre village de l'eau du Jiangnan, Zhouzhuang, est en train de présenter sa candidature au Comité du Patrimoine mondial. Les habitations traditionnelles chinoises sont ainsi de plus en plus connues du monde entier.

Les agglomérations et les habitations de la Chine présentent des morphologies et des caractéristiques fort variées, à cause des conditions géographiques et climatiques fort différentes sur son immense territoire, et de la diversité des ethnies et des cultures. Dans le présent ouvrage, nous nous contentons de choisir quelques agglomérations plus

Le mur-écran d'une maison à cour carrée.

ou moins représentatives et répandues pour donner une description des habitations traditionnelles chinoises qui peuvent être divisées *grosso modo* en habitations à cour, habitations à étage et habitations troglodytiques.

I

Les habitations à cour sont les plus répandues en Chine. C'est un type d'habitations des plus avancé sur le plan matériel et architectural, et des plus développé dans le domaine des « rites » et de l'ornement. Dans un certain sens, c'est le type d'habitation le plus évolué de la société agricole, et aussi le mode idéal de la matérialisation du milieu naturel par la société féodale. La maison à cour carrée (*siheyuan*) de Pékin représente le mieux ce type d'habitations.

Une maison au toit en pisé dans les monts Ailao, au Yunnan.

Les habitations à cour ont pour trait dominant sa structure fermée, autour d'une cour, et une disposition symétrique des pièces le long de l'axe médian, avec une distinction entre la principale et les secondaires. Elles sont présentes principalement dans la Chine du

Une maison à cour carrée (*siheyuan*) de Pékin.

Nord, la Plaine centrale, la presqu'île du Shandong et les plaines et le littoral de la Chine du Sud, et en second lieu dans les plaines de la Chine du Sud-Ouest, à Chengdu (Sichuan), Kunming et Dali (Yunnan), et les plaines de Taiwan. Elles sont largement utilisées dans les régions habitées par les Han, les régions de minorités ethniques en contact étroit avec la culture des Han, comme les Bai et les Naxi, dans les régions de minorités ethniques relativement développées, comme celles des Zhuang et des Yi, et les régions où cohabitent des Han, des Mandchou et des Hui.

Les peintures et sculptures décoratives d'une maison à cour.

Le portail d'une maison à cour.

Dans sa marche pour devenir une métropole internationale, Pékin a promulgué une loi sur la protection de 25 blocs de *hutong* (ruelles anciennes) et de *siheyuan*, qui comprennent des résidences princières comme celle du prince Gong et des maisons à cour des habitants ordinaires, qui peuvent être considérées comme un musée authentique des *siheyuan*, avec comme exemples toutes sortes de portes : la porte de « maisons à mamelon », le « portail à colonnes dorées », le « portail large et lumineux », le « portail en spectre de bon augure » et la « porte Manzi ».

Sous les Ming et les Qing, les marchands du Shanxi, comme ceux de l'Anhui, ont construit les plus impressionnantes résidences familiales de Chine. La

La résidence de la famille Wang au Shanxi.

La cour intérieure d'une maison de Huizhou.

grande cour de la famille Wang, composée d'une centaine de maisons à cour, est la « Première résidence du Shanxi ». Cette résidence du district de Lingshi est beaucoup plus grande que la grande cour de la famille Qiao, où a été réalisé le film *Epouses et concubines*. Le *siheyuan* est fort étendu dans les régions plates de la Chine du Nord. Bien qu'elles soient différentes sur le plan de dimension, de la structure, du décor et de l'aménagement de la cour, ces maisons à cour carrée possèdent les mêmes caractéristiques fondamentales. Les exemples les plus frappants sont la résidence des descendants de Confucius, à Qufu, et l'ancienne résidence de Zheng Banqiao, à Weifang, au Shandong, et les résidences des changeurs de la vieille ville de Pingyao, au Shanxi. Dans les régions rurales, les maisons à cour carrée ne sont pas complètes, parce qu'elles ne comprennent que deux ou trois pièces, et une cour, entourée d'un mur d'enceinte. Les maisons

Une tour d'argile ronde du Fujian de l'Ouest.

exposées au sud des paysans mandchou du Liaoning et du Jilin et les maisons en pisé des paysans du Shanxi et du Shaanxi ont sans exception l'entrée, le mur d'enceinte, une cour et les pièces principale et latérales. Les maisons à cour ont de nombreuses variantes, comme les habitations « yikeyin ou en forme de sceau » de Kunming, développement de l'habitation troglodytique; les habitations à cour intérieure de Huizhou, dans l'Anhui, qui sont l'aboutissement des maisons en bois sur pilotis; les tours d'argile, à Yongding au Fujian, qui servaient aux Hakka d'habitation et de forteresse dans les conditions historiques et géographiques déterminées; et les « dacuo », habitations à cour entourée de murs rouges, au toit en pente et au mur coupe-feu courbe construites à Taipei par les habitants venus du Fujian et du Guangdong.

Les premières habitations à cour ont fait leur apparition à la charnière des dynasties des Qin (~221-~206) et des Han (~206-220) ; la morphologie en est conservée dans les briques avec peintures ou sculptures des Han de l'Est (25-220). La production de briques sous les Qin et de tuiles sous les Han, l'établissement du mode familial de labours et la popularisation des rites ont permis de construire massivement ce genre d'habitation qui s'avérait adapté à la société agricole. Le célèbre érudit Wang Guowei (1877-1927) a résumé les caractéristiques du *siheyuan* en ces termes : « Une habitation doit d'abord rapprocher les logis des membres de la famille pour qu'ils puissent se sentir proches et s'entraider. A cette fin, il faut bâtir quatre pièces...La meilleure méthode consiste à disposer les pièces autour de la cour centrale. C'est à la fois pratique et esthétique. » (*Etude des palais, des temples et des habitations*). Le grand homme de lettres Lin Yutang (1895-1976) a expliqué la préférence des Chinois pour les maisons à cour, sur le plan de la psychologie sociale : « Les maisons chinoises sont couvertes par une toiture plate, et n'ont pas de flèches perçant le ciel des constructions gothiques. Cela manifeste un esprit dont le plus grand succès consiste à établir le critère de l'harmonie et du bonheur familiaux. La toiture des maisons chinoises proclame que le bonheur doit se trouver d'abord dans la famille. »

Une maison troglodytique.

II

L'habitation troglodytique et l'habitation à étage revêtent un caractère régional prononcé. La première est concentrée dans les régions sèches de loess de la Chine du Nord-Ouest, et la seconde est répandue dans les régions montagneuses subtropicales de la Chine du Sud-Ouest. Ces deux modes d'habitation conservent le plus d'éléments des constructions primitives.

L'habitation-caverne représente le mieux l'habitation troglodytique. Elle est fort répandue dans les provinces du Henan, du Shanxi, du Shaanxi et du Gansu. Dans les régions plates du Henan de l'Ouest et du Shaanxi du Sud, les grottes sont pratiquées aux flancs d'une fosse carrée profonde, de plusieurs dizaines de mètres carrés de surface. L'accès et la sortie sont assurés par des galeries. Plusieurs familles et même une dizaine de familles partagent une habitation-caverne de ce genre dont le prototype intact est conservé au district de Liquan, non loin de Xi'an. Dans les régions de collines, les grottes sont creusées à leurs flancs, à plusieurs niveaux. En général, plusieurs grottes sont reliées entre elles, et entourées par un mur de pisé pour former une cour. Dans la partie centrale du Shanxi, on voit souvent une forme mixte de l'habitation-caverne sous le nom de « guyao » : il y a un rajout en pisé ou en briques à la caverne pour former ensemble une cour murée. Ce genre d'habitation présente une forme plus souple et un espace intérieur plus varié. Dans les régions habitées par des Taiya, à Taizhong, et des Yamei, sur l'île de Lanyu, à Tainan, sont conservées des habitations à demi souterraines : elles sont creusées à une profondeur d'un mètre et demi en forme rectangulaire, et la partie supérieure est en structure de bois, avec des tiges de bambou comme filières du toit couvert d'herbes. Les habitations forment une agglomération très clairsemée, et nous sommes sûrs qu'elles ont résulté de la lutte des habitants

La maison fortifiée du Tibet.

contre les calamités naturelles comme le typhon et le séisme. Malgré leur petit espace disponible, ces habitations réservent une place au sacrifice à des divinités.

Les habitations-cavernes, les maisons en pisé ou de terre battue, et les habitations construites avec la terre ou la pierre dans les régions arides et désertiques du Nord-Ouest, comme les maisons « zhuangguo » dans l'est du Qinghai, les maisons fortifiées des Tibétains au Sichuan, au Qinghai et au Tibet, et les maisons bâties sur des terrasse à Kashi, au Xinjiang, sont rangées dans la catégorie des habitations de terre brute.

Les recherches archéologiques et anthropologiques prouvent que les premières habitations de l'humanité sont les grottes. Selon la chronique, à la fin de l'époque paléolithique, qui date de 8 000 ans avant Jésus-Christ, les hommes primitifs avaient creusé leur habitat dans le plateau de loess. Il est écrit par exemple dans le *Livre des mutations* (Yi jing) que « dans la haute antiquité, les hommes vivaient dans les caves, en rase campagne, et les sages ultérieurs ont construit des palais et des maisons.» A l'époque paléolithique, les êtres humains habitaient dans les grottes naturelles, et à l'âge néolithique, avec l'accès à la société agricole et la sédentarisation, ils construisaient des maisons-cavernes. Nous pouvons le constater sur le site de la culture de Yangshao, à Banpo, près de Xi'an, où ont été découvertes des maisons carrées ou rondes à moitié souterraines, preuve évidente de leur passage des grottes naturelles à la sédentarisation dans la plaine, et de leur mode de vie de la chasse et de la cueillette au labourage. Les ruines de Banpo constituent le meilleur témoignage de l'environnement habitable des primitifs et attirent l'attention des savants. Même les touristes y arrivent en grand nombre.

La maison en bois sur pilotis.

III

Les maisons à étage en bois, soutenues par des colonnes portant les poutrelles, sans poutre, sont disséminées dans les régions montagneuses de la Chine du Sud-Ouest subtropicale. Ce sont les habitations typiques des minorités ethniques, construites sur les pentes de montagnes, et montrant un niveau supérieur quant aux techniques de suspension, de dénivellation et d'assemblage des pièces de bois au moyen de tenon et de mortaise. Dépositaires de la culture et du folklore des minorités ethniques, elles manifestent une riche teneur sur le plan de la civilisation matérielle et spirituelle.

L'habitation à étage en bois traditionnelle n'a utilisé que du bois comme matière première : sous-ensembles de bois, poutrelles de bois, murs de plaque de bois, écorce d'arbre au toit, et les pièces de bois étaient assemblées au moyen de tenon et de mortaise, sans recourir au clou ni au crochet de fer. Elle a un plan rectangulaire et un toit en pente suspendu (type dit *xuan shan*) à deux ou trois niveaux. Toutes les maisons sont concentrées sur les versants de montagne.

Au département autonome dai de Xishuangbanna et au département autonome dai de Dehong, au Yunnan, les habitations à étage sont en bois et bambou, et les pièces ont été liées par la corde de fibres de palmier ou de rotin. Leur toit est de type nommé « xie shan » qui signifie la « montagne reposant » formée par deux

La tour du Tambour au village de Ma'an, district de Sanjiang, au Guangxi.

Le pont protégé du vent et de la pluie de l'ethnie Dong.

grandes pentes opposées et deux autres petites pentes perpendiculaires reposant sur deux murs en triangle isocèle. Dans ces régions, les Jingpo, les Jino et les Hani habitent également dans des maisons à étage en bambou. Au Yunnan, les villages des maisons à étage en bambou ont leurs particularités : par exemple, les hameaux des Dai ont sans exception un puits, avec une margelle finement décorée, et même couverte par un kiosque et gardée par une statue de gardien zoomorphe. Les Dai ont l'habitude de se baigner et prêtent donc attention à la qualité des sources d'eau. Chez eux, un dicton dit que l'on préfère une bonne source d'eau à la maison que la viande à table. Les villages des Hani ont généralement installé à l'entrée de la route un portique constitué de troncs d'arbres, et le tronc horizontal était couvert de peaux d'animaux, et plus tard a été sculpté de motifs aviaires. Après de nombreuses recherches, le professeur japonais Kenzaburo Torikoshi a conclu que le portique torii des constructions traditionnelles japonaises et le *qianmu* du faîtage des habitations japonaises provenaient du Yunnan. Les maisons à étage sur pilotis, disséminées dans les régions de Emeishan, au Sichuan, de Chongqing, de Fenghuang et de Binshui, au Hunan, les « pavillons de bambou » chez les Cao, aux monts Ali, et les Beinan, à Taidong, sont les variantes des habitations à étage, que ce soient leur origine, leur structure essentielle et leur conception spatiale.

Selon le *Livre des choses diverses* (Bowuzhi), écrit par Zhang Hua (232-300) à l'époque des Jin, « les Yue du Sud logeaient dans des huttes bâties dans des arbres et les habitants du Nord demeuraient dans des cavernes afin de fuir la chaleur et le froid». Le *ganlan* fut cité pour la première fois dans la « Biographie de Liao », de *l'Histoire des Wei*, où on lit « le *ganlan* est le logis fait de bois sur un arbre ». Dans les *Notes de voyages* de Xu Xiake (1586-1641), de la dynastie des Ming, les notes sur le voyage qu'il effectua dans l'ouest du Guangdong décrivent des hameaux de maisons à étage en bois, presque identiques aux villages d'habitations traditionnelles en bois de nos jours. Cela prouve que les habitations à étage en bois étaient largement répandues dans les régions de montagnes et de collines au sud du Changjiang (Yangtsé). Dans ces régions humides et pluvieuses, les forêts étaient denses et la culture de riz était la principale activité productrice. Leur vie sédentaire, en agglomération, a promu le développement de l'architecture qui se manifestait par un niveau avancé de l'abattage d'arbres, du traitement et de la sculpture de bois. Les régions au sud du Changjiang étaient jadis appelées « Baiyue » (Cent Yue), dont les ramifications étaient le « Yuyue » au Jiangsu et au Zhejiang, le « Minyue »

Des maisons au bord de l'eau, au Zhejiang.

au Fujian, et le « Shanyue » dans l'Anhui et au Jiangxi. La maison en bois constituait le trait commun de leur civilisation résidentielle. La grande diversité actuelle des groupes d'habitations en Chine du Sud, notamment en Chine du Sud-Ouest, résulte de ces anciennes agglomérations qui avaient leur totem, leurs places et cours, leur entrée et leurs matériaux de construction, marqués par leurs coutumes.

Il faut noter qu'avec la croissance démographique et la réduction des ressources forestières, les Han et les minorités ethniques de la Chine du Sud ont utilisé de plus en plus les briques et les tuiles dans la construction de leur habitat, en créant de nouveaux modèles d'habitations, comme les habitations longeant la rivière au Zhejiang, les habitations à cour intérieure de l'Anhui, les tours d'argile du Fujian de l'Ouest et les habitations en forme de sceau de Kunming.

Des habitations de Shaoxing, au Zhejiang.

La construction des habitations traditionnelles

Une maison sur pilotis.

La maison est construite devant une colline et exposée au sud.

Les pignons en escalier.

chinoises a observé autant que possible le principe de s'adapter aux conditions naturelles, ou a transformé la nature de manière compensatoire. L'apparition et le développement des agglomérations ont été le résultat de l'exploitation ingénieuse des ressources écologiques naturelles. Leur construction faisait un usage économe des ressources, accordait de l'importance aux paysages aquatiques, utilisait au maximum les matériaux de construction sur place et tirait profit des écarts de la température naturelle pour se prémunir de la chaleur et du froid. Cela reflète la conception de l'harmonie entre l'homme et la nature. Pendant les longues années de labourage, les villageois s'efforçaient de s'adapter aux règles de la nature et cultivaient un sens esthétique bucolique. C'est cela qui avait conduit les villageois à créer des habitations variées et ingénieuses.

Nous pouvons relever ci-après les traits marquants de ces habitations :

—Elles ont été construites derrière un cours d'eau et devant des collines, et entre des bois. Le message esthétique qu'elles transmettent est fonctionnel : la morphologie, la couleur, le matériel, la lumière et l'ombre sont étroitement liés aux fonctions, aux matériaux de construction et à la structure. Donnons comme exemples la fonction de coupe-feu des pignons en escaliers, la prévention de la pluie par la « visière de la porte », le faîte fixant les tuiles et colmatant la fente, et la prévention de l'humidité par la maison à pilotis. Du fait que les éléments constituants des habitations et leur décor dépendaient dès le début des besoins des occupants, l'architecture résidentielle

La tour « Wufeng lou » au Fujian de l'Ouest.

était marquée par une origine naturelle, simple et organique, et sa beauté « rustique » et « crue » est incomparable.

—Les villageois ont construit leurs maisons en utilisant les matériaux sur place, de sorte que leurs habitations forment un ensemble organique avec l'environnement naturel. Elles embrasent la configuration des terrains, en s'étendant sur les pentes de collines ou au bord de rivières. Elles sont concentrées dans la plaine et dispersées dans des terrains accidentés. S'adapter aux conditions naturelles du lieu est le principe suprême observé par l'architecture résidentielle des régions rurales.

Les habitations sont de même structure, mais différentes dans de nombreux détails.

—Dans les grandes lignes, les habitations rurales sont identiques sur le plan des couleurs, du matériel, de l'image et des « signes » architecturaux, à cause de la similitude des matériaux utilisés, de la structure et de la formation spatiale. Mais l'agencement des éléments constituants et les changements subtiles des techniques manifestent une individualité dans l'harmonie générale de la culture et de l'art traditionnels chinois. Ainsi les habitations sont-elles mieux reconnaissables et présentent une plus grande valeur esthétique.

Les habitations indigènes sont d'un type opposé aux Palais, temples et monastères, et résidences des mandarins et lettrés. Elles relèvent de la culture « vulgaire » qui s'est implantée et développée, avec une forte vigueur, dans les bas-fonds de la société, au même titre que les ballades chantées, les contes populaires, les arts artisanaux, les us et coutumes locaux. Ce sont les masses populaires qui ont créé ces habitations, en ont bénéficié et se les sont transmises. Pour vivre et assurer la continuation de leur progéniture, les villageois ont utilisé les moyens disponibles pour créer un espace d'existence conforme à leur vie et à leur désir.

On peut affirmer sans exagération que les habitations chinoises reflètent l'histoire de la nation chinoise ainsi que l'assiduité, la sagesse et l'idéal des larges masses populaires chinoises. L'architecture traditionnelle chinoise—qu'il s'agisse de la cité impériale avec ses palais et résidences, ou des jardins, des temples et monastères, et des académies—, repose, de l'intérieur à l'extérieur, sur les fondements solides des habitations.

1 Les habitations de Huizhou entourées de collines et d'eau

◇ Hongcun – un village entouré d'eau et de collines

◇ Le village Xidi, un ouvrage d'art en noir et blanc

◇ La cour intérieure et le pignon en escalier

◇ Ecoles et portiques en pierre

◇ Les sculptures sur bois, brique et pierre, et les jardins

◇ Le commerce et la culture stimulées mutuellement à Huizhou

Huizhou est l'ancien nom de la région qui se trouve au pied des monts Huangshan et sur la rive du fleuve Xin'an, et qui conserve intacte une culture prolongée et brillante.

L'appellation de Huizhou date de la dynastie des Yuan (1271-1368) qui créa la « Route de Huizhou ». Aujourd'hui, Huizhou n'est plus une unité administrative, mais une sphère culturelle comprenant Shexian, Xiuning, Qimen, Jixi, Yixian, dans la province de l'Anhui, et Wuyuan, dans la province du Jiangxi.

Huizhou commença à propérer après les Song du Sud (1127-1279) et atteignit son apogée sous les Ming (1368-1644) et les Qing (1644-1911), en développant une économie et des technologies avancées, et un art et une culture florissants. C'est à Huizhou que sont nés le néo-confucianisme de Zhu Xi et des frères Chen, l'école picturale de Xin'an et les quatre troupes théâtrales de l'opéra de l'Anhui. Ses produits, papier *xuan*, encre de Chine et pierre à délayer l'encre sont réputés. Les arts artisanaux, l'édition et la médecine étaient de niveau supérieur à Huizhou. Mais rien n'est plus connu et plus remarquable à Huizhou que son architecture qui constitue un patrimoine attirant l'attention des architectes chinois et étrangers. Les habitations traditionnelles de Huizhou forment un ensemble grandiose, harmonieux et original qui, fusionné dans les monts et rivières, présente une grande variété de modèles, une finesse remarquable des techniques et une simplicité ravissante des façades.

Hongcun—un village entouré d'eau et de collines

A Huizhou, région de collines et de cours d'eau, les habitations s'harmonisaient parfaitement avec l'environnement pittoresque. On détermina les sites des villages conformément à l'art de géomancie (Fengshui, soit Vent et eau), et mit l'accent sur la planification globale. Si un village se trouvait sur un terrain plat, les maisons étaient regroupées ; sinon elles étaient dispersées, conformément à la configuration du terrain. Les maisons étaient adossées à une montagne et faisaient face à une rivière. Le meilleur exemple a été fourni par Hongcun, village au bord de l'eau qui a été classé sur le registre du patrimoine culturel mondial.

Hongcun se trouve dans le district de Yixian, l'un des six districts de Huizhou. Yixian et son voisin, Shexian, étaient parmi les premiers districts établis par le premier empereur de la dynastie des Qin (~221-~206), et date de 2200 ans. Situé au sud-ouest des monts Huangshan, le district de Yixian était d'accès difficile, et cette configuration montagneuse lui a permis de conserver de nombreuses agglomérations datant des époques Ming et Qing. Les villages Hongcun et Xidi en sont les meilleurs représentants. C'est pourquoi ils ont été classés par l'UNESCO dans l'inventaire du patrimoine culturel mondial.

Situé dans le nord du district de Yixian, Hongcun est adossé au nord à la colline Leigang, et fait face, au sud, à la rivière Yangzhan. Il se fait remarquer en premier lieu par son système hydrologique desservant tout le village.

Hongcun est adossé à une colline et fait face à un plan d'eau.

Hongcun fut construit à partir de 1131, sous les Song du Sud. Trois siècles plus tard, les villageois se mirent à construire un système hydrologique amenant les eaux de la rivière aux cours antérieures de toutes les maisons, sous le règne Yongle de la dynastie des Ming (1403-1425). On construisit une écluse à un terrain un peu plus élevé au nord-ouest du village, creusa des rigoles et un étang en forme de croissant (Yuezhao) devant le temple des ancêtres, au centre du village. Après avoir desservi toutes les maisons par les rigoles, les eaux alimentaient l'étang Yuezhao. 150 ans plus tard, les villageois creusèrent encore un étang de 7 hectares environ au sud du

Le lac de la Lune est au centre de Hongcun.

village, nommé « Lac du sud » (Nanhu). Ce système hydrologique continue aujourd'hui à servir les villageois.

Les rigoles, larges de 60 cm et profondes d'un mètre, passent du nord-ouest au sud-est, à travers le village en longeant les venelles et alimentant les cours de toutes les maisons, et arrivent finalement dans l'étang Yuezhao. D'une part, ce système hydrologique a pour fonction de satisfaire les besoins des habitants en eau, de drainer et de régulariser la température et l'humidité, de l'autre, il forme un environnement agréable, avec les venelles d'ardoise, les places, les jardins, les cours et les portiques des maisons. A Hongcun, les maisons aux murs chaulés et au toit gris se reflètent dans les cours d'eau, sous le ciel d'azur, et plus loin sont des collines verdoyantes. Les vieilles venelles d'ardoise relient les maisons, les pavillons et les kiosques. Le lac du Sud bordé de saules et couvert de lotus change de physionomie avec les saisons. Les eaux sont amenées dans les cours des maisons et leur apportent la fraîcheur et la vivacité de la nature.

L'écluse, les rigoles, l'étang Yuezhao et le lac du Sud, ainsi que les cours arrosées de toutes les maisons constituent un système hydrologique complet, et l'âme du village. Grâce à lui, les collines et plans d'eau, les rues, les maisons, les sites et les constructions d'agrément, et la vie et les loisirs des villageois forment un ensemble organique. On peut en déduire que l'homme et la nature peuvent coexister harmonieusement, que l'homme peut protéger la nature tout en l'utilisant, et que la nature n'est pas seulement l'objet de l'utilisation et de la transformation par l'homme, mais une partie indissociable de sa vie quotidienne.

Le village de Xidi, un ouvrage d'art en noir et blanc

Les points, lignes et plans formés par les tuiles noires et les murs blanchis à la chaux caractérisent les constructions de Huizhou. Le noir, le gris et le blanc y créent un lavis incrusté dans la verdure des collines et rivières. Les habitants de Huizhou ont chaulé les murs de leurs maisons non pour une considération décorative, mais pour prévenir l'humidité et refléter les rayons du soleil. Il est écrit dans les *Annales du district de Xiuning*, rédigées sous le règne Wanli de la dynastie des Ming (1573-1620), que « blanchir les murs à la chaux a pour but de prévenir l'humidité et non de les décorer ». Par suite du développement de la culture, notamment de l'influence croissante de l'école de lavis de Huangshan, on tendait de plus en plus à reconnaître l'effet esthétique du noir et du blanc. Cela est probablement dû au sens esthétique des lettrés locaux qui recherchaient la sérénité et la simplicité.

Le village de Xidi, surnommé agglomération nichée à la « source aux fleurs de pêcher », se trouve à 8 kilomètres à l'est du chef-lieu du district de Yixian et est traversé par deux ruisseaux de l'est à l'ouest. (Sur une partie du village, vue à vol d'oiseau, on voit clairement les formes géométriques noires ou blanches.)

Xidi est l'agglomération du clan des Hu. Au village, les venelles sinueuses et profondes traversent les maisons charmantes. En se promenant dans ces ruelles on voit de temps à autre des pignons en escalier, des visières de portes finement sculptées, des portes à archer, des fenêtres ajourées ou miniscules, des plantes d'agrément et des « jardins en miniature » (penjing, bonsaï en japonais). Les venelles sont liées aux cours, et les cours sont unies aux impluviums, et forment ainsi un

La vue panoramique du village de Xidi.

espace aux rythmes coulants. Le pâté de maisons est mêlé de temples des ancêtres, de pavillons de brodeuses et de portiques de pierre (paifang), et entouré d'arbres et de ruisseaux. Quant à chaque maison, elle donne la vision de plans et de lignes noires se détachant sur une large surface blanche. Ce sont les tuiles noires des toits et des pignons, et les murs blanchis à la chaux. Les maisons, de dimensions différentes, ont été construites le long des venelles tortueuses, et sont ainsi orientées différemment. Leurs matériaux de construction et leur style architectural sont identiques. On voit donc un village de style unique, mais de grande diversité physique.

A l'intérieur des maisons, les couleurs sont plus riches et vives. Les fortunés ont peint rouge les colonnes et poutres de leurs résidences, et les boiseries importantes ont été dorées. Les lettrés ont préféré garder les couleurs naturelles du bois, en laquant les portes et fenêtres, et les meubles.

L'agencement organique des points, lignes et plans noirs et blancs à Xidi.

Les habitations de Huizhou ont le grand mérite de former un contraste frappant avec l'environnement naturel des collines et rivières vertes. Le ton noble et

généreux du noir-gris-blanc s'harmonise parfaitement avec les couleurs du ciel et de la terre. Ainsi les constructions et la nature contrastent et s'harmonisent en même temps.

La cour intérieure et le pignon en escalier

L'architecture des habitations traditionnelles a déjà atteint une étape de maturité sous les Ming. Leur modèle était la maison avec une cour intérieure à impluvium. Les habitations de Huizhou sont fermées sur elles-mêmes, et présentent à l'extérieur de hauts murs massifs, sur lesquels s'ouvrent de petites fenêtres d'aération, dans l'intention d'empêcher le vol. Dans de nombreux cas, les habitations sont serrées et ne sont séparées que par des pignons en escalier. Ces pignons représentent la vue extérieure d'ensemble de ces habitations, mais à l'intérieur sont disséminés un grand nombre de cours intérieures à impluvium où des pots de fleurs et « jardins en miniature » étalent leur exubérance. C'est par la cour intérieure que les occupants communiquent avec la nature. Un extérieur fermé et un intérieur ouvert, voilà l'union de l'art et de la vie, réalisée par les habitants de Huizhou.

La cour intérieure à impluvium de Huizhou est fort différente du *siheyuan* de la Chine du Nord. Les Yue, population aborigène de Huizhou, vécurent dès l'avant-Qin (antérieur à 221 av. J.-C.) au sud du cours moyen et inférieur du Changjiang. Ils étaient censés être les descendants de Yu le Grand, empereur légendaire de la Chine antique, et habitaient dans des huttes établies sur

Une cour intérieure à impluvium, étroite et haute, dans une maison du village de Chengkan, datant de la dynastie des Ming. Elle sert à drainer les pluies, à garder la fraîcheur et à aérer l'air.

les arbres. A partir de la dynastie des Han (~206-220), des habitants de la Plaine centrale se déplacèrent vers le Huizhou et y apportèrent avec eux la culture avancée des Han. Ils finirent par l'emporter sur les indigènes sur le plan culturel. Mais, loin de pouvoir abandonner la culture des Yue, les Han étaient obligés de s'adapter aux conditions climatiques et géographiques de la région. Les habitations traditionnelles de Huizhou qui nous sont parvenues sont en fait le résultat de la combinaison des maisons à étage en bois des Yue et du *siheyuan*. Les maisons à cour intérieure de Huizhou sont pour l'essentiel des maisons à étage, et très rares sont les maisons à cour sans étage, comme celles de la Chine du Nord. Même les rares maisons sans étage ont un plancher afin d'aérer et de chasser l'humidité. Les habitations construites sous les Ming au Huizhou sont des maisons à étage, et le rapport est 1 à 2 entre la hauteur du rez-de-chaussée et celle du premier étage, parce que le premier étage est le principal espace de vie. Dans les habitations construites sous les Qing, le rez-de-chaussée est deux fois plus haut que le premier étage, parce que celui-ci est devenu le principal espace de vie, comme au *siheyuan* au Nord. Mais on a toujours conservé les caractéristiques de la maison à étage en bois, en ouvrant la salle principale par l'aménagement d'une cour intérieure à impluvium étroite et haute, à la grande différence de la cour du *siheyuan*. Ainsi peut-on atténuer le rayonnement du soleil et produire un appel d'air. La structure architecturale a également combiné celle de la Chine du Nord et celle du Sud : la superposition des poutres sur les colonnes, et des poutrelles sur les poutres pour la salle principale, et les colonnes et les poutres sont liées au moyen de tenon et de mortaise pour les chambres à coucher. L'entrée des habitations de Huizhou est généralement de type de portique en pierre qui s'est inspiré de l'entrée des villages du Sud et du portique des maisons du Nord.

Des pignons en escalier.

Ecoles et portiques en pierre

Huizhou était développé sur le plan culturel et éducatif. Le confucianisme et le néo-confucianisme y ont exercé une influence profonde. Le représentant du néo-confucianisme à l'époque des Song du Sud, Zhu Xi (1130-1200), est originaire de

Huizhou et y a enseigné. Les habitants de Huizhou avaient la tradition de se transmettre de génération en génération les livres et les rites. « Lire est la première bonne chose », c'est ce qu'on lit sur les sentences parallèles du village de Xidi. Cette tradition se reflète sur le plan architecturel par l'abondance d'académies ou d'écoles privées, de temples des ancêtres et de portiques en pierre.

Les « visières de porte » à Huizhou.

Sous les Ming, à Huizhou qui comptait 560 000 habitants, il y avait 52 académies dont les plus célèbres étaient celle de Nanhu, sur le bord du lac du Sud de Hongcun, et les académies « Ziyang » et « Zhushan », et 462 écoles privées tenues par un précepteur. Dès la dynastie des Ming, de nombreux habitants de Huizhou ont accédé à des fonctions officielles en réussissant aux examens impériaux. De nombreux hauts dignitaires et des savants étaient originaires de Huizhou.

Du fait qu'ils accordaient une grande importance aux rites, les habitants de Huizhou ont bâti de nombreux temples ancestraux et portiques en pierre (*paifang*). En tant que noyau d'un clan, à Huizhou, les temples des ancêtres étaient non seulement nombreux, mais aussi de niveau élevé.

Par exemple, dans le village de Chengkan, le temple ancestral des Luo, nommé Baolunge et construit sous le règne de Wanli (1573-1619) des Ming, mesure 29 mètres sur 10 mètres. Dans cet édifice à 11 travées, les éléments constituants sont ornés de sculptures et de peintures de haut niveau artistique. Les peintures décorant les poutres de la salle de sacrifices sont les chefs-d'œuvre rares d'artistes populaires.

Dans le village de Xidi, le temple des ancêtres des Hu, appelé Jing'aitang, a deux cours et trois salles spacieuses, avec les colonnes et poutres majestueuses et finement sculptées.

Comme tous les autres temples ancestraux, Baolunge et Jing'aitang occupaient la plus haute position et étaient les plus grands au village. Dans les villages de Huizhou, ils constituaient le centre du village, non seulement sur le plan architectural, mais aussi sur le plan spirituel. Les cérémonies de sacrifices, les prises de décisions importantes, les récompenses et punitions avaient lieu dans les temples des ancêtres. Aujourd'hui, ces temples sont des sites originaux des vieux villages de Huizhou.

L'Académie Nanhu, au bord du lac du Sud, à Hongcun.

Le portique de pierre (*paifang*) était destiné à entretenir les rites réglant les rapports entre le clan et le souverain. Les *paifang* de Huizhou l'emportent sur les autres régions du pays, que ce soit en nombre ou en qualité. Rien qu'au district de Shexian, ils sont au nombre de 94, dont 34 sont consacrés à la gloire des femmes vertueuses. Ils ont assumé les fonctions de porte, d'entrée du village ou servi à séparer l'espace. Le *paifang* dressé à l'entrée du village de Xidi était dédié par l'empereur Shenzong de la dynastie des Ming à Hu Wenguang, préfet de Jiaozhou. Haut de 13 mètres, le portique a trois travées et quatre étages, et est du type le plus élevé. Dans les champs au bord du village de Tangyue sont dressés sept portiques de pierre, qui constituent le plus grand groupe de *paifang* de Huizhou. Ces portiques imposants sont finement sculptés et gravés d'un texte racontant la gloire et le passé du clan.

L'intérieur de la Salle Jing'ai du temple des ancêtres de la famille Hu, à Xidi.

Les sculptures sur bois, brique et pierre, et les jardins

La virtuosité des sculpteurs de Huizhou est de réputation nationale. Ce qui est le plus remarquable,

Le portique en pierre à l'entrée du village de Xidi.

Un groupe de portiques en pierre au village de Tangyue.

c'est que leurs œuvres sur bois, sur brique et sur pierre se collent parfaitement aux éléments et à la décoration des maisons et constituent elles-mêmes des œuvres d'art. Les « visières » de porte, les encorbellements, les fenêtres ajourées et cloisonnées ont été réalisées avec une grande finesse et un haut sens esthétique. Leurs sculptures sont de style suggestif et ne recherchent pas la ressemblance. Leur beauté se dégage de la simplicité et le raffinement contraste avec la rusticité.

Des boiseries d'une maison du village des Lu.

Les sculptures sur bois de Huizhou ont été enduites d'huile d'aleurite. Les artisans utilisaient de préférence du bois de ginkgo et de *nanmu*, et l'enduit d'huile d'aleurite évite d'affecter l'effet artistique des détails des sculptures, et fait ressortir la qualité du bois et la beauté de ses veines.

Les collines de Xidi et de Meixi produisent le granit nommé « pierre bleue de Yixian ». D'une texture fine et de couleur luisante, cette pierre sert de matière première aux portes et portiques (*paifang*) sculptés. Le plus remarquable est que des fenêtres à jour ont été sculptées dans un seul bloc de pierre, et leurs motifs ingénieusement agencés et proportionnés donnent un bel effet spatial et un effet décoratif beau et vivant.

A Huizhou, les sculptures sur brique sont largement utilisées aux étages, chambranles et linteaux des portes, et constituent une partie importante de l'architecture locale.

Une fenêtre ajourée en pierre au village de Xidi.

A Huizhou, non seulement les techniques artisanales (jardins en miniature, papier *xuan*, bâtonnet d'encre et pierre à délayer l'encre) étaient développées, mais sous l'impulsion de la culture et des techniques, les arts ont aussi connu un haut niveau de développement. Le théâtre et la peinture de Huizhou en sont des exemples. Il faut noter en particulier l'impulsion donnée par l'école picturale de Xin'an, allant de Hong Ren (1610-1664), Cha Shibiao (1615-1698) à Huang Binhong (1865-1955), au développement de la peinture traditionnelle chinoise. Leurs paysages réalisés par l'encre aspergée recréent une nature palpitante de vie. Le goût, le style et les moyens d'expression de ces artistes ont considérablement influencé l'architecture et l'art des jardins de Huizhou.

Les sculptures sur briques à la porte du pavillon Qingyi, au village de Tangyue.

Les jardins de Huizhou, qui font partie intégrante de l'architecture locale, se font remarquer par leurs « penjing », étangs et verdure. Ils sont généralement devant ou derrière les maisons. Le jardin Tangang, célèbre jardin dans le style de Huizhou dans le village de Tangmu, est surnommé « Petit lac de l'Ouest », parce qu'il a été aménagé par le marchand nommé Xu au début de la dynastie des Qing pour montrer à sa vieille mère le paysage du lac de l'Ouest de Hangzhou. Ce jardin mignon et

Le jardin Tangan, au village de Tangmo.

élégant s'est inspiré du style architectural des jardins du Jiangsu et du Zhejiang. Le jardin Gengdu (labourage et lecture) de Bishan, au district de Yixian, a un étang couvert de plantes aquatiques devant le Cabinet de travail, et au dehors du mur s'étendent des rizières. Quant à la maison de Li Shuming, au village de Hongcun, son jardin se trouve derrière la chambre principale et un pavillon surplombe l'étang, bordé par des balustrades de pierre sobres surmontées de « penjing », et aux murs sont pratiquées des fenêtres ajourées en briques polies. Quel paysage bucolique !

La cour de la maison de Wang Shunfeng, au village de Hongcun.

Le commerce et la culture stimulées mutuellement à Huizhou

La prospérité architecturale de Huizhou était due à la montée de ses marchands confucianistes. A la différence des marchands du Shanxi, ceux de Huizhou vivaient dans une région où les Han et les Yue s'étaient mêlés, et quittaient leur pays natal pour faire du commerce à cause de leur région relativement restreinte et trop peuplée. Ils avaient tendance à tourner leur regard vers l'extérieur. Au cours du développement de la culture et de l'éducation, les marchands de Huizhou sont devenus perspicaces et et loyaux, et se sont montrés habiles en affaires. Ils ont compris qu'il fallait « utiliser leur fortune pour encourager l'étude du confucianisme et accéder à des fonctions officielles pour protéger leur commerce ». Ainsi ont-ils réussi à la fois dans les affaires et les fonctions officielles. Ils se sont livrés au commerce du sel, du thé et du livre, ont ouvert des monts-de-piété, et ont accumulé une fortune de plus en plus grande. La prospérité économique et l'épanouissement culturel se sont stimulés mutuellement.

La plupart des habitations de Huizhou ont été construites grâce à la fortune de ces riches marchands. Cette architecture fine et belle, ni vulgaire ni somptueuse, est indissociable de leur formation culturelle. L'épanouissement des temples des ancêtres, des portiques de pierre et des écoles à Huizhou était dû au statut particulier de ses marchands, aussi confucianistes que mandarins.

Les vieilles rues commerçantes de Tunxi restent aujourd'hui un important quartier des affaires.

Dans la cour intérieure du pavillon Chengzhi, au village de Hongcun, on voit de splendides sculptures sur bois, peintes avec des poudres d'or.

Le pavillon Baolun au village de Chengkan.

Le portique de pierre dédié à Xu Guo, à Shexian, a été érigé sous le règne de Wanli de la dynastie des Ming, avec l'approbation de l'empereur pour vanter les mérites extraordinaires de ce haut dignitaire originaire de Shexian. Parmi d'autres portiques de pierre et monuments, citons le *paifang* dédié au gouverneur de Jiaozhou, à l'orée du village de Xidi, le temple des ancêtres des Luo, au village de Chengkan, le pavillon Baolun qui fait partie du patrimoine culturel protégé en priorité, et l'Académie Nanhu à Hongcun. Ces monuments et les nombreuses résidences des marchands n'ont pas pu être construits en comptant seulement sur la force financière. Cela était dû à la prospérité générale de l'économie, du système clanique, de la culture et des arts, et de leur stimulation réciproque.

La culture développée et ouverte de Huizhou n'a cessé de s'inspirer de la culture des régions avoisinantes du Hubei, du Jiangsu, du Zhejiang et du Jiangxi et a pu s'enrichir et se développer de manière continue.

2 Les maisons à étage en bois et les *fengyuqiao* au Guangxi

- ◇ Les hameaux de maisons à étage en bois
- ◇ Chants en question et réponse sur le pont de Chenyang
- ◇ La tour du Tambour et la colonne de l'Orgue à bouche
- ◇ Les maisons à étage en bois
- ◇ L'âtre – lieu saint de la maison en bois

Sur le vaste territoire de la Chine, les habitations représentent une architecture très variée. Alors que dans le Nord, elles étaient de forme troglodytique, dans le Sud-Ouest montagneux, elles étaient et restent des maisons à étage en bois, témoignage des habitations perchées primitives du Sud. Ces maisons à étage en bois forment de nombreux hameaux disséminés dans le nord du Guangxi, le sud-est du Guizhou et l'ouest du Hunan. Construits sur les pentes de montagne, ces hameaux qui comprennent entre autres la porte d'entrée, l'aire du Lusheng (orgue à bouche), le pavillon du Tambour et le *Fengyuqiao* (pont protégé du vent et de la pluie), sont les habitats des Miao, Dong, Zhuang, Yao et d'autres minorités ethniques.

L'évolution des maisons en bois est plusieurs fois millénaire. Il est écrit dans le chapitre des Barbares de l'*Histoire des Wei* (il s'agit des Wei du Nord, qui se situe entre 386 et 557) : « On habite dans des huttes construites sur des arbres ». Les ruines des maisons en bois du néolithique, découvertes sur le site de Hemudu, à Yuyao, au Zhejiang, datent de plus de 7 000 ans. Dans la Chine antique, la majeure partie du Sud était occupée par les Yue dont les maisons de bois se répandaient dans les vastes régions de montagnes et de collines allant du Zhejiang à l'est au Guangxi et Yunnan à l'ouest. A la suite du développement des forces productives, de l'évolution sociale et du progrès technique, les maisons en bois ont été remplacées progressivement par des habitations en briques et bois, sur les terrains plats et dans les régions développées. Mais les régions

Les maisons en bois du village de Ping'an, au district de Longsheng.

montagneuses de minorités ethniques conservent toujours de nombreuses maisons en bois, leur mode de vie et leur folklore originaux.

Les hameaux de maisons à étage en bois

Dans la région montagneuse du Guangxi du nord, les hameaux ont été bâtis en enjambant une rivière, ou sur une pente, une butte ou dans une vallée et représentent donc une forme fort variée. La plupart de ces hameaux de maisons à étage en bois ont une porte, et de grands hameaux en possèdent plusieurs. Ceux des Dong ont non seulement une porte mais encore un pont protégé du vent et de la pluie à l'entrée du hameau. Les sentiers relient les ruisseaux et les maions en bois, et les champs sont contigus au hameau, ce qui signifie que ces agglomérations ont été basées sur la petite agriculture du labourage par brûlis.

Le district autonome de Longsheng est à 100 kilomètres de Guilin. Les 13 hameaux de Longji (dos du dragon), à 1 000 mètres d'altitude, sont censés posséder les champs en terrasses les plus élevés du monde. Leurs champs en terrasses donnent une vue très impressionnante. Les Zhuang doivent lutter âprement contre les dures conditions naturelles de la région. Parmi ces 13 hameaux, le hameau de la Paix (Ping'anzhai) est le plus élevé. Ses champs en terrasses sont fort petits et éparpillés, le morceau le plus grand n'est que d'un *mu* (un quinzième d'hectare). Les villageois possèdent par tête 0,7 *mu* de champs. Sur le total des 630 *mu* de champs conquis sur des montagnes, un tiers seulement permettent le labourage par le buffle, et sur les deux tiers restants la charrue est tirée par des paysans.

Le village de Huangle, au district de Longsheng.

Au hameau de la Paix, des sentiers abrupts et tortueux mènent à des maisons en bois sur pilotis, disséminées sur les pentes de montagne. Ces maisons à étage en bois, au toit en double pente, sont appuyées sur des pentes de montagne, et certains pilotis sont hauts de 5 à 6 mètres. Entre elles, sont répartis des champs. Cette distribution des maisons et des champs a été dictée par les besoins de la petite agriculture reflétés par ce dicton : « Les champs proches des maisons sont fertiles, tandis que les champs éloignés n'enrichissent pas leurs propriétaires. »

Les champs en terrasses de Longji.

Parmi les nombreux hameaux de montagne du district autonome dong de Sanjiang, on en rencontre souvent plusieurs qui sont contigus ou ne font qu'un. Les trois hameaux de Linxi en sont un exemple. Le Huangzhaozhai, le plus élevé des trois, surplombent les deux autres : Yanzhai et Liangzhai. Gravissant le sentier de la pente, on accède à la porte du hameau, en forme de kiosque. Sur le plan rectangulaire du hameau se succèdent de palier en palier la porte du hameau, la tour du Tambour, l'étang et le petit pavillon du tambour. Yanzhai, en contrebas de la pente du

Huangzhaozhai, avoisinne une rivière. Si l'on accède au hameau par le pont protégé du vent et de la pluie, on doit suivre le bord de la rivière en zigzag pour arriver à la porte du hameau. Surplombant le lit de la rivière à proximité, Yanzhai possède une porte extraordinaire—elle est au-dessous du pavillon enjambant le sentier de la tour du Tambour. Les habitants doivent donc monter au bord de la rivière pour pouvoir pénétrer dans le hameau. Le joli pont protégé du vent et de la pluie de Yanzhai, sur la rivière, est relié à Liangzhai qui a lui aussi sa propre porte et sa tour du Tambour. Ces trois hameaux sont ainsi à la fois indépendants et reliés.

L'entrée du hameau Yanzhai est sous une galerie.

Au canton de Dudong, le hameau Zuolongzhai est couché sur une pente de montagne, devant une rivière aux trois côtés. C'est une minuscule agglomération de 40 familles. La tour du Tambour, le temple des ancêtres et la porte du hameau surplombent ces maisons disséminées de palier en palier le long de sentiers tortueux.

Le hameau Zuolongzhai ressemble à un dragon volant.

Le pont de Chenyang.

Les jeunes gens échangent des chants avec les visiteurs au pont de Chenyang pendant un jour de fête.

Chants en question et réponse sur le pont de Chenyang

Pendant les jours de fête, les Dong viennent de toutes parts, en famille, au pont de Chenyang. Les jeunes gens endimanchés dansent en jouant de l'orgue à bouche, et font éclater des pétards et des feux d'artifice. Ils ont dressé à la tête du pont une barrière faite de bambou sur le chemin. Tous les visiteurs ont dû s'arrêter là et priés de répondre par chant aux questions posées par les jeunes gens qui chantaient :

Les rayons du soleil n'ont jamais été aussi éclatants,
Les fleurs n'ont jamais été aussi belles et rayonnantes.
C'est la venue de nos amis de loin qui
A fait changer d'aspect les villages des Dong....

Après y avoir répondu par un chant, les visiteurs peuvent franchir le pont et entrer dans le hameau. Un accueil enthousiaste leur est réservé. De telles festivités se rencontrent partout dans les villages des Dong. Celle du pont de Chenyang est particulièrement célèbre parce que le pont fait partie du patrimoine culturel de la nation.

Le pont de Chenyang a été construit sur l'initiative de cinq vieilliards dong, avec le concours de huit hameaux dont Chenyang et Ma'an. Ils ont invité les meilleurs tailleurs de pierre et les meilleurs charpentiers, et mobilisé les villageois pour qu'ils

fassent don de bois d'œuvre et de la force de leurs bras. En 12 ans, le pont fut terminé : quatre ans pour la préparation des blocs de pierre et la pose des fondations, trois ans pour le transport du bois d'œuvre et la pose des charpentes, et cinq ans pour la construction des pavillons, la pose des tuiles et la décoration.

Long de 64 mètres, large de trois mètres et haut d'une bonne dizaine de mètres,

Le pont de Chenyang est fait entièrement de bois.

le pont de Chenyang à quatre arches enjambe la rivière Linxi, au canton du même nom, relevant du district de Sanjiang, dans le nord du Guangxi. Chacune de ces quatre arches à deux niveaux est composée de sept troncs de cryptomères ayant 50 centimètres de diamètre et 30 mètres de long. Puis on y a posé des planches, des colonnes, des poutres, des plafonds couverts de tuiles. Sur les deux côtés, ont été aménagées des balustrades où les passants peuvent s'asseoir. Le canton de Linxi compte au total 15 ponts protégés du vent et de la pluie de ce genre, appelés communément « ponts fleuris ». Le plus remarquable est que tous les éléments de ce pont ont été assemblés par les techniques magistrales de tenon et de mortaise, sans un clou ni rivet.

Les *fengyuqiao* des hameaux des Dong sont différents l'un de l'autre : ils présentent trois, quatre ou cinq pavillons sur une surface carrée, avec une toiture

Un pont protégé du vent et de la pluie dans un village des Dong.

Le *fengyuqiao* au bourg de Batuan.

pointue quadrangulaire ou sexangulaire, à deux ou cinq corniches ; ou avec un plan rectangulaire et une toiture en pente ou une toiture combinant les deux styles pentu et pointu. Ainsi aucun *fengyuqiao* n'est pareil, et il est devenu le symbole de chaque hameau. Au bourg de Batuan, le *fengyuqiao* a deux niveaux, réservé respectivement au passage des hommes et des animaux domestiques. L'esprit créateur des artisans est vraiment étonnant.

Le *fengyuqiao* est l'entrée du hameau et le lien entre les deux rives de la rivière. Il constitue aussi le symbole du hameau. Le chant en « questions et réponses » sur ce pont lui a imprimé une connotation culturelle propre aux hameaux des Dong.

La tour du Tambour et la colonne de l'Orgue à bouche

Dans les hameaux des Dong, la tour du Tambour est comparable artistiquement et techniquement au *fengyuqiao*. Dressée sur l'aire centrale du hameau, la tour du Tambour est un chef-d'œuvre architectural des Dong (certains hameaux en possèdent deux, même davantage). « L'aile du faisan et la queue du paon ne sont pas aussi beaux que la tour du Tambour des Dong », tels sont les termes

La façade de la tour du Tambour au hameau Yanzhai.

La tour du Tambour à neuf niveaux au village de Mapang.

utilisés pour en vanter la beauté.

La tour du Tambour est divisée en partie inférieure semblable au pavillon et partie supérieure semblable à la pagode. Dans la partie inférieure, quatre colonnes intérieures soutiennent les poutres de l'étage, et les quatre colonnes extérieures soutiennent les corniches. La partie supérieure est quadrangulaire, sexangulaire ou octogonale, et a cinq, sept, neuf ou onze corniches. Le comble pointu est surmonté d'une calebasse précieuse ou d'une grue de mille ans, tous symboles de bon augure. A l'intérieur de la tour du Tambour, le centre est pavé d'ardoise et muni d'un âtre, et à l'alentour sont disposés des sièges. Une grande tour du Tambour peut contenir une ou deux centaines de personnes. Le tambour est en fait la section d'un gros tronc d'arbre troué, et couverte de cuir bovin. La tour du Tambour est le lieu où les villageois discutent des affaires publiques, formulent le règlement et la convention du village et vérifient s'ils sont respectés.

La colonne de l'Orgue à bouche est le totem des Miao.

Elle est aussi utilisée pour donner le signal aux villageois quand il y a une attaque de brigands ou autres malheurs.

Alors que la tour du Tambour se trouve au centre du hameau des Dong, la colonne de l'Orgue à bouche est au centre du hameau des Miao. La colonne est un tronc de cryptomère géant tapissé de cornes de bœuf, de motifs de dragon et de phénix et de grandes lames de couteau ; il est couronné d'un phénix et se trouve au centre de la place centrale du hameau des Miao. Autour de la colonne, sur le sol, des cailloux forment un mosaïque. Lors des jours de fête, les Miao vêtus de leurs plus beaux habits, les filles brandissant leur mouchoir et les jeunes hommes jouant de l'orgue à bouche, dansent autour de leur colonne totémique.

Pourquoi les hameaux des Dong possèdent la tour du Tambour et le pont protégé du vent et de la pluie, et ceux des Miao n'ont que la colonne de l'Orgue à bouche ? Un dicton nous en donne la raison : « Les Yao sur la haute montagne, les Miao sur la basse montagne, les Han sur la plaine et les Dong sur les rives de la rivière. » Dans l'ancienne société la répartition géographique dépendait de la puissance de chaque groupe ethnique : à part les Han qui occupaient les villes et villages de la plaine, les Dong étaient relativement puissants et occupaient donc les rives des cours d'eau qui possèdent des ressources hydrauliques et terriennes plus abondantes que les montagnes. C'est pourquoi il y a beaucoup de ponts dans les hameaux des Dong, ce qui les a aidés à se prévenir des attaques des bandits. La qualité et l'envergure des hameaux des Dong et de leurs maisons sont également supérieures à celles des autres minorités ethniques.

L'extérieur de la maison en bois de la famille Liao.

Les maisons à étage en bois

Beaucoup de montagnes et de forêts avec des serpents venimeux et des fauves, climat chaud et humide, abondantes précipitations, telles sont les conditions naturelles du Guangxi. Les habitations à étage en bois conviennent donc aux régions montagneuses du

Guangxi septentrional. Les indigènes ont créé et perfectionné des maisons à étage bâties avec des piliers et poutres de bois ou de bambou. Les occupants habitent à l'étage et le rez-de-chaussée sert à garder les instruments aratoires et autres ou des bêtes.

Les maisons à étage en bois ont généralement un plan rectangulaire, à trois travées sur la façade et quatre rangées de chevrons dans la profondeur. Il en est dérivé des plans en L, en 凸 et en 凹 en fonction de la grandeur de la famille, de la configuration du terrain et de la facilité d'accès. Du fait qu'elles sont généralement sur une pente de montagne, elles sont des unités rectangulaires à un ou deux étages avec des rajouts afin d'occuper moins de terrain. Dans le district autonome dong de Sanjiang, le toit des maisons en bois est généralement à quatre pentes, alors que dans les

Les colonnes suspendues sont assemblées aux poutres sortantes d'une maison en bois.

Au hameau Yanzhai, les maisons en bois sont formées des éléments assemblées à tenon et mortaise.

hameaux des Miao du district de Rongshui, il est en deux pentes chevauchant sur les pignons. Les toits sont principalement en tuile de terre cuite, et parfois en bois dans la région de forêt dense. Les murs d'enceinte sont en bois, sur lesquels sont pratiquées de petites fenêtres ou des ouvertures de la largeur d'une planche de bois. Dans le nord du Guangxi, une travée correspond à trois-cinq mètres, selon la taille du bois de cryptomère. Les éléments des maisons en bois sont assemblés au moyen de tenon et de mortaise, rarement de pièces de fer.

La construction d'une maison en bois au village Mengzhai.

Les piliers de bois de la maison reposent directement sur les blocs de pierre posés sur les fondations. Comme la charpente de la maison forme un ensemble, la destruction d'un pilier ou le déplacement d'un bloc de pierre le soutenant n'affecte pas la solidité de la maison. Une telle structure comporte beaucoup d'avantages dans les régions montagneuses: primo, on peut ajuster la hauteur des piliers pour s'adapter au terrain ; secundo, la palissade de bois entourant la maison peut, selon les besoins, être fermée ou soutenir un balcon ; tertio, il est très facile d'agrandir la maison. Elle facilite aussi l'évacuation des eaux et résiste mieux au séisme.

Il convient de noter tout particulièrement deux éléments originaux de la maison à étage en bois du Guangxi du nord : la colonne suspendue et les poutrelles sortants sous la corniche. Pour accroître la surface utilisée sur un terrain restreint, une colonne est assemblée à tenon et mortaise à la poutre sortant, et l'extrémité inférieure de la colonne s'appelle la « colonne suspendue », généralement sculptée en pétales de fleur de lotus ou en lanterne, semblable à la colonne tombante sculptée de fleurs de lotus. Dans ces régions pluvieuses et exposées à un soleil brûlant lors des jours ensoleillés, les corniches sont très larges, environ d'un mètre et demi. Pour soutenir une si large corniche, il y a souvent deux ou trois niveaux de poutrelles sortantes, couvertes de chevrons et soutenues par la colonne au-dessous. Bien que la maison en bois ne soit pas décorée de sculptures fines, sa structure avec tenon et mortaise, les colonnes suspendues, le balcon, les encorbellements et les corniches lui donnent une allure belle et svelte.

Les colonnes suspendues d'une maison en bois.

L'âtre—lieu saint de la maison en bois

Toutes les maisons à étage en bois du Guangxi du nord sont munies d'un âtre, généralement d'un mètre carré, situé au milieu de la grande pièce à l'étage. Si la maison est très spacieuse, elle en a généralement deux

L'âtre d'une maison en bois du village de Ping'an.

ou trois. Dans l'âtre brûle du charbon de bois et des volutes de fumée, par le temps qui passe, finissent par couvrir l'intérieur de la maison d'une couche de suie. Ainsi il fait sombre dans la maison. Mais leurs propriétaires croient que la suie protège les bois contre la pourriture et l'humidité.

L'âtre est très important dans la maison, parce que l'on l'utilise pour faire la cuisine, qu'autour de lui la famille passe ensemble des moments de loisir, de causettes, et qu'elle reçoit parents et amis. Le feu brûle toujours dans l'âtre à longueur de l'année. L'âtre est aussi un lieu saint que l'on ne doit pas enjamber, sous peine d'être accusé de blasphème. Au district de Longsheng, les Zhuang, notamment les jeunes hommes et jeunes filles, ont l'habitude de se faire face, autour de l'âtre, pour chanter, en se répondant mutuellement. Tout sujet leur est bon pour composer un chant : le thé, l'admiration, la taquinerie, l'amour... et ils chantent jusqu'à la nuit, même jusqu'à l'aube.

Les garçons et les jeunes filles zhuang aiment à chanter « en question et réponse ».

Ta sœur chante avec sentiment
Au pied du Dos du dragon et au bord de l'eau.
Une rivière coule de son cœur
Un fleuve de chants sort de sa gorge.
Comme les eaux de Longsheng formant un cours,
Mon frère entonne tant de chants d'amour.
Trois jours de bruine emportent autant d'airs.

L'âtre, la marmite, le thé et le chant, telle est la vie courante et la plus appréciée des Zhuang. Celle-ci confère à cet espace spécial de la maison en bois un sens culturel particulier—l'union de l'architecture, du loisir et des coutumes de minorités ethniques.

3 Lijiang, une vieille ville née de l'eau

◇ Une ville millénaire
◇ Une ville traversée par l'eau de source
◇ Trois chambres avec un mur-écran—style des habitations de Lijiang

Lijiang ou un beau Fleuve capte de plus en plus le regard de tout le monde. Dans cette vieille ville située dans le nord-ouest de la province du Yunnan et adossée à la montagne neigeuse du Dragon de jade, vivent les Naxi qui ont créé la culture mystérieuse et fertile Dongba. Cette ville fait penser à la terre pure ou au paradis terrestre. Yunshanping, les fresques de Baisha, la gorge du Saut du Tigre, le premier virage du Changjiang, le lac Lugu et Maoniuping sont d'autres sites très intéressants..

Une ville millénaire

Dans la région de Lijiang, c'est la vieille ville, avec ses habitations anciennes, qui impressionne le plus les visiteurs.

Le bourg de Dayan, siège de la vieille ville de Lijiang, est une petite ville pittoresque qui ressemble à la fois à Venise et à Suzhou, à ceci près qu'elle est beaucoup plus rustique. Elle s'incruste harmonieusement dans les monts verdoyants, les rivières et les villages éparpillés des environs. Elle est dépositaire de la vie vécue par les Naxi et de leur évolution historique. Les rues et ruelles, les maisons résidentielles et les boutiques de la vieille ville sont autant de témoins des moments heureux et malheureux du passé. Dans ces vieilles maisons vivent encore ces Naxi loyaux et laborieux. C'est donc une vieille ville vivante, qui non seulement a enregistré la vie et la culture de ses habitants, mais aussi progresse avec notre époque. Tenant compte de ces qualités et valeurs, le Comité du Patrimoine mondial de l'UNESCO a classé la vieille ville de Lijiang dans le registre du patrimoine culturel mondial.

Le développement d'une ville a toujours suivi la progression sociale et économique de la région où elle se trouve. La vieille ville de Lijiang ne fait pas exception. Selon la chronique, les ancêtres des Naxi étaient une communauté tribale née de l'union des descendants des Qiang transférés du Nord-Ouest au Sud-Ouest et des aborigènes. A la charnière de la dynastie des Sui (581-618) et de celle des Tang (618-907), au cours de leur sédentarisation, les Moxie, une tribu antérieure des Naxi, ont établi une centaine de hameaux dans le bassin du fleuve au Sable d'or (Jinshajiang) et du Yuhe. D'après la conception actuelle de l'histoire, ces agglomérations primitives constituent le début de la naissance de la ville de Lijiang. Les habitations d'alors ont déjà donné la forme préliminaire des actuelles maisons bâties de troncs d'arbre décortiqués.

Les femmes naxi portent leur costume traditionnel de « Sept étoiles avec la Lune ».

Quand l'agriculture a atteint un certain degré de prospérité, l'échange de marchandises et la foire feraient leur apparition, ce qui entraînerait la naissance de l'agglomération, l'embryon de ville. « Dayandi » du bassin du Yuhe était justement l'exemple typique du passage de hameaux à un bourg.

« Dayandi » se trouvait au centre du bassin de Lijiang et au fond du virage du fleuve au Sable d'or. Il était protégé par des montagnes et plus loin par le fleuve au Sable d'or. C'était une contrée facilement défendable et capable de contrôler le bassin du fleuve. Sous la conduite de Koubilay qui régna de 1260 à 1294, les troupes mongoles ont traversé le fleuve et mis fin à la répartition de la région en tribus. Le commandant en chef adjoint Mailiang reçut la mission de gouverner la région. Son fils Aliang Abu lui succéda et fit transférer la commanderie de Lijiang à Dayandi. Il fit creuser la rivière ouest du Yuhe, et commença l'aménagement du bourg de Dayan. Un bourg fut construit pour l'essentiel sur les rivières ouest et centre du Yuhe, qui deviendrait la vieille ville de Lijiang. Sous les Ming, Zhu Yuanzhang (régnant de 1368 à 1398) accorda à un certain Mu le titre héréditaire de *tusi,* gouverneur de Lijiang. Le *tusi* Mu transféra son gouvernement de Baisha au bourg de Dayan et y entreprit de nombreux travaux de construction. Dayan devint donc un bourg relativement évolué autour de la Rue Carrée (Sifang jie), d'où rayonnaient rues et ruelles. Sous le règne Yongzheng (1723-1735), le système administratif fut réformé à Lijiang : le mandarin révocable remplaça le *tusi*. Le nouveau gouverneur fit creuser la rivière est du Yuhe, ce qui consacra la disposition de la vieille ville de Lijiang centrée sur la Rue Carrée et étendue le long des trois rivières (est, centre et ouest) du Yuhe.

La vieille ville est adossée au nord-est aux monts de l'Eléphant (Xian shan) et de l'Arc-en-ciel (Jinhong shan), et au nord-ouest, au mont du Lion (Shizi shan), et est ainsi protégée du vent froid des montagnes enneigées en automne et hiver. Au printemps et en été, la ville est couverte de verdure et caressée par le zéphir. Bien que Lijiang soit à 2 400 mètres d'altitude, l'hiver n'y est pas rigoureux.

Une vue panoramique de la vieille ville.

Une ville traversée par l'eau de source

L'eau est l'âme de cette vieille ville et lui apporte son charme.

Le lac du Dragon noir (Heilong tan) est la source de la rivière de Jade (Yuhe) de Lijiang. La source jaillit des roches et des chataigniers du versant du mont de l'Eléphant, coule vers le nord-ouest de la ville puis au pont du Dragon de jade (Yulong qiao). Sous le pont, une écluse divise les eaux en trois parties—les rivières est, centre et ouest—, qui arrosent la vieille ville.

En ville, ces trois ramifications du Yuhe sont subdivisées en ruisseaux incalculables. Les rues principales longent les rivières, et les ruelles bordent les ruisseaux. Elles s'allongent suivant ces cours d'eau naturels sinueux et les maisons s'étagent sur le plateau. La configuration naturelle de la vieille ville lui a valu le surnom de « Suzhou du plateau » et de « Venise de l'Orient ».

Le système hydrologique constitue l'ossature de la vieille ville. Les cours d'eau sont enjambées de toutes sortes de ponts. Si, assis sur la balustrade d'un pont, vous écoutez le clapotis de l'eau sous vos pieds et regardez les saules sur les rives et les Naxi se bousculer dans les rues, vous comprendrez la place de l'eau dans la vie des Naxi et les relations

La Rue Carrée, le cœur de la vieille ville.

entre l'eau, les ponts, les maisons et la ville.

Les rues sont pavées de granit. Ces blocs de pierre polis par le temps présentent un motif multicolore, caractéristique de ces pierres appelées « pierre à cinq fleurs » et extraites des montagnes environnantes du bassin de Lijiang. Ils sont propres et luisants, et ne sont point glissants. Si on les observe de près, on voit une chaussée raboteuse, traces plusieurs fois centenaires du passage des caravanes. Ces dernières années, la « Route de la Soie méridionale » a suscité un intérêt croissant, et des spécialistes ont soutenu qu'elle était plus ancienne que la Route de la Soie traversant la Chine du Nord-Ouest. Lijiang était une importante station de l'ancien chemin de l'échange du thé contre les chevaux, un tronçon de la Route de la Soie méridionale.

Les ruisseaux sont les veines de Lijiang.

Des ponts variés à Lijiang.

La Rue Carrée est la foire représentative de la vieille ville de Lijiang. C'était là un marché primitif, puis une place de l'échange du thé contre les chevaux. Maintenant, elle rassemble de nombreux étalages sous des tentes de toile ou des grands parasols de papier huilé. La section occidentale de la foire est réservée aux produits de l'artisanat traditionnel et la section orientale aux ustensiles d'usage courant, comme marmites, bols et cuvettes, dont ceux en cuivre brillent sous le soleil. Tous ces produits témoignent des us et coutumes de la vieille ville.

De la place de la foire rayonnent quatre rues : à l'est rues Guangyi, Qiyi et Wuyi, et à l'ouest la rue Xinhua attenant à la rue Huangshan xiaduan. De ces rues principales rayonnent également plusieurs ruelles respectives. Ainsi la vieille ville est centrée sur la Rue Carrée d'où rayonnent de nombreuses rues et ruelles. Elle n'est pas semblable aux villes carrées traditionnelles de la Chine. D'autres rues comme Xinhua jie, Xinyi jie, Jieshan xiang, Mishi xiang et Dashi qiao, présentent aussi leur caractéristiques propres. Les voyageurs peuvent tout y trouver : restaurants,

maisons de thé, ateliers de lin, tanneries, coiffeurs, galeries d'art, magasins, sculptures sur bois, tableaux, poteries....

Trois chambres avec un mur-écran—style des habitations de Lijiang

Les habitations à Lijiang sont la cristallisation de la vie et de la culture des Naxi. Sobriété, fraîcheur et beauté naturelle sont les termes pour les qualifier. Elles font voir non seulement la continuité de la culture locale, mais aussi le témoignage du pluralisme culturel.

A Lijiang, l'architecture a évolué de la façon suivante : les maisons troglodytiques, les huttes sur

La montagne enneigée du Dragon de jade (Yulong xueshan) est sacrée aux yeux des Naxi. Elle a de nombreuses affinités avec la vieille ville.

En haut : Un pont de bois au bourg de Dayan.
En bas : Un coin de la Rue Carrée.

En haut et en bas : Deux vieilles rues de Lijiang.

arbre et les *mulengfang* (maisons en troncs d'arbre décortiqués) de la première heure ont été remplacées par les « maisons de trois chambres avec un mur-écran », les « maisons rectangulaires avec cinq courettes » et les « pavillons avec une galerie circulaire ».

Les « maisons de troncs d'arbre

Une venelle marquée par le temps.

L'usure du temps a poli les pavés de la rue.

La rivière de l'Ouest est bordée de constructions de style traditionnel.

décortiqués » sont les habitations primitives des Naxi dans la région de Lijiang. On en voit aujourd'hui encore au bord du lac Lugu, dans le district de Ninglang, et dans des villages reculés. Les murs de ces maisons ont été faits de troncs d'arbre décortiqués et le toit, de planches de bois. La construction de telles maisons, dont les matériaux de construction étaient pris sur place, était facile.

Au début, le *mulengfang* était une maison simple avec une cour. Plus tard, il a pris la forme d'une cour entourée de plusieurs pièces : chambre principale, chambres latérales (chambre de lama), le pavillon fleuri et le pavillon-portique (appelée aussi fenil). La chambre

Une rue et ses boutiques.

La vieille ville a accueilli aussi des magasins modernes.

principale est réservée aux activités familiales, comme discussion d'affaires familiales, repas et cérémonie de sacrifice. Les chambres latérales sont généralement une chambre à l'étage destinée au lama ou au portrait de Bouddha et une autre au rez-de-chaussée, réservée aux célibataires masculins et aux visiteurs. Les filles habitent au pavillon fleuri. Le pavillon-portique permet de garder du foin à l'étage, et le portique est flanqué d'étables.

Le mur du *mulengfang*.

Quant aux maisons des Mosuo, leur porte est généralement exposée à l'est ou au nord. La cour est généralement grande. C'est dans la cour que les Mosuo organisent leur cérémonie de mariage ou d'obsèques. La chambre principale est de structure complexe : elle a à l'arrière un espace muré pour stocker les céréales et loger les personnes âgées, et à sa droite une chambre latérale pour la maîtresse de maison. Elle a un four dans un coin, et au-dessus une statue de divinité, des offrandes et un vase de fleurs, et au-dessous le foyer. L'hôte est assis à droite du feu, et l'invité à gauche. Il y a aussi deux colonnes dans la chambre principale : celle de droite est féminine, et celle de gauche est masculine. Quand un membre de la famille atteint sa majorité, la cérémonie a lieu auprès de la colonne de droite ou de gauche, selon qu'il est un garçon ou une fille.

De toute évidence, la forme, la disposition et la continuation du *mulengfang* sont inséparables des conditions de vie des Naxi, et du mode de vie de la société agricole ; sa structure et sa morphologie sont déterminées par les conditions naturelles et l'état des technologies. En outre, tout cela est indissociable de la croyance religieuse, des coutumes de mariage et de l'organisation de la famille. L'architecture reflète

Une maison de type traditionnel des Naxi.

l'idéologie et la culture des Naxi.

Mais, à Lijiang, les habitations traditionnelles des Naxi n'ont cessé d'évoluer : tout en gardant les avantages du *mulengfang,* elles sont de plus en plus devenues des maisons à cour en structure de brique et de bois, à l'instar des maisons des Han. Cette transition historique et culturelle est due aux raisons suivantes :

En 1253, le *tusi* Mu a été autorisé à exercer l'autonomie à Lijiang qui dura 470 ans. Durant son règne, le *tusi* Mu a pratiqué une politique d'emprunt à gauche et à droite. Il a étudié la culture des Han, et a accepté le bouddhisme, le lamaïsme et le taoïsme, a introduit les techniques de production des Han et renforcé les relations politiques et économiques avec la Plaine centrale. Ainsi la région de Lijiang a pu se développer rapidement sur le plan social, économique et culturel. Les fresques du Palais Dabaoji, à Baisha, Lijiang, qui combinent les thèmes et les moyens d'expression des Tibétains, des Han et des Naxi témoignent de la fusion culturelle réalisée à cette époque-là.

En 1723, l'empereur Yongzheng de la dynastie des Qing a substitué un mandarin révocable venu de la Plaine centrale au *tusi* Mu pour gouverner Lijiang. Les Naxi ont subi une plus grande influence des Han sur le plan religieux et à la hauteur de la notion des valeurs et du mode de vie.

En 1921, l'érudit américain Joseph Rock est arrivé à Lijiang pour étudier la culture dongba des Naxi. Il s'est lié d'amitié avec de nombreux habitants naxi. Les résultats de ses recherches ont beaucoup contribué à faire connaître Lijiang au monde extérieur.

En 1988, M. Xuan Ke a pris l'initiative de créer un orchestre pour exécuter et répandre la musique ancienne de Lijiang. On dit que la première séance a eu lieu dans une grande cour au nord de la vieille ville, devant des auditeurs dont certains venus des cafés. On ne s'attendait pas à voir cette muoïque tasique provoquer une vive réaction à l'intérieur et à l'extérieur du pays. Ainsi la musique ancienne des Naxi est de plus en plus connue dans le monde.

Du fait de l'esprit ouvert des Naxi et de la position importante du bourg de Dayan dans les échanges commerciaux entre le Yunnan et le Tibet, et entre le Sichuan et le Tibet, et dans les relations culturelles, les Naxi se sont montrés disposés à accepter les points forts des autres communautés ethniques sur le plan culturel. En examinant de près les habitations des Naxi, on peut constater l'action de cette fusion culturelle sur l'architecture des Naxi et l'union des styles architecturaux des Naxi, des Han, des Bai et des Tibétains.

Les habitations des Naxi présentent en général les formes suivantes : la maison de trois chambres avec un mur-écran, la maison rectangulaire avec cinq courettes, la maison aux cours avant et arrière et la maison avec deux cours. Les maisons de trois chambres avec un mur-écran en constituent la forme principale et la plus courante. Elles ont une chambre principale plus haute que les deux chambres latérales. Avec un mur-écran, la maison paraît harmonieusement disposée. L'auvent courbé évite l'impression de lourdeur et fait apparaître une ligne belle et douce. Les murs inclinés vers l'intérieur renforcent la stabilité du bâtiment. Les murs d'enceinte n'atteignent pas le sommet, et les chambranles des fenêtres de l'étage sont surmontées de « fenêtres à jour » en planche de bois. Les auvents avancent fort et les encorbellements sortant des pignons sont couverts de planches afin de protéger les planches de bois de la pluie. Certaines maisons sont munies à mi-hauteur de galeries à balustrades afin d'accentuer l' esthétique de la maison. Pour remédier à la monotonie causée par les planches des pignons, on a recouru à la technique de « planches-poissons tombantes » pour protéger les pentes et accentuer l'effet artistique de la maison. En disposant pièces principale et secondaires, mur-écran, murs et leurs « visières » et des « poissons tombants », les architectes ont réussi à créer une façade à la fois équilibrée et non monotone. Les habitations de trois chambres et d'un mur-écran reflètent le haut niveau de l'architecture des Naxi.

En général, les personnes âgées habitent dans la chambre principale exposée au sud. Les deux chambres latérales, plus basses, sont réservées à leurs descendants. L'étage est l'entrepôt. La cour intérieure, pavée de briques ou d'ardoises et plantée

Les *mulengfang* au pied de la Montagne enneigée du Dragon de jade.

d'arbres et de fleurs, sert à la fois au repos et au séchage des céréales. Chaque maison a une large galerie extérieure, qui est importante pour les Naxi, parce que les Naxi y passent beaucoup de temps, y prenant leur repas ou y recevant les visiteurs. Comme les Naxi sont dotés d'un sens commercial prononcé, ils transforment en boutique la pièce de leur maison donnant sur la rue.

En fait, la culture et le mode de vie d'une communauté ethnique possèdent toujours des éléments de ceux d'autres communautés. Menant leur vie tranquille et spontanée, les Naxi se sont forgé un caractère paisible et serein, et font sentir l'existence tangible de leur culture originale.

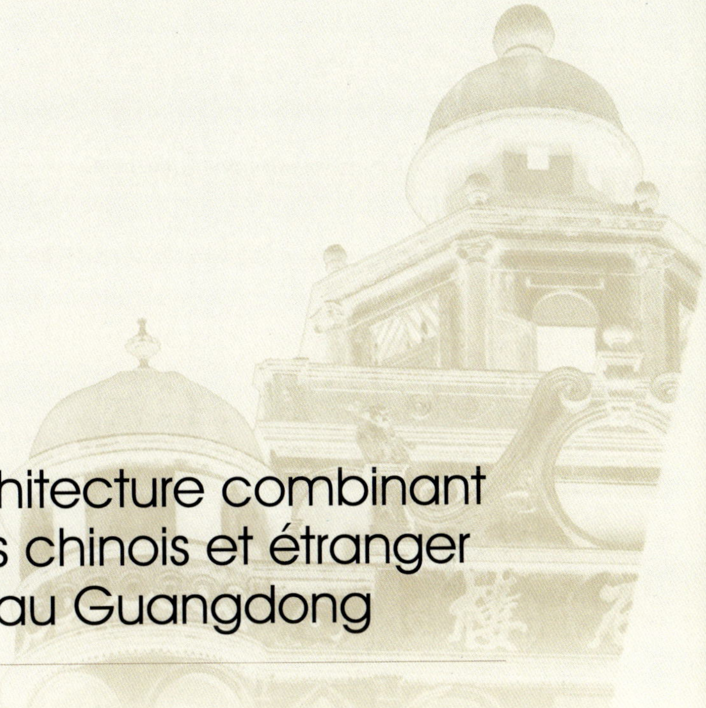

4 Une architecture combinant les styles chinois et étranger à Wuyi, au Guangdong

Un toit de style chinois est combiné avec une galerie à balustrades de style occidental.

- ◇ Les maisons fortifiées sont témoins de l'histoire des Chinois d'outre-mer
- ◇ Les constructions à étage en surplomb
- ◇ Le temple des ancêtres reflète aussi un pluralisme culturel

Dans la région de Wuyi (Cinq villes), au Guangdong, de nombreuses maisons diffèrent radicalement des maisons traditionnelles chinoises, sur le plan plastique et décoratif. Des maisons traditionnelles sont mêlées aux maisons de style romain, gothique, byzantin ou islamique. Ce paysage extraordinaire est dû aux conditions historiques de la région.

Des maisons munies d'une tour de guet dans un village.

A la fin de la dynastie des Qing et au début de la République de Chine (1911-1949), un grand nombre d'habitants de la région sont partis gagner leur vie outre-mer. Selon les statistiques de 1999, 3,6 millions de ressortissants chinois à l'étranger, à Hong Kong et Macao sont originaires de Wuyi. Ces Chinois d'outre-mer répartis dans une centaine de pays et d'unités territoriales ont non seulement rapporté une grande fortune à leur patrie, mais aussi ont fait connaître de nouvelles idées et de nouveaux concepts de l'Occident, y compris leur civilisation architecturale et leurs techniques de construction. La fusion des cultures chinoise et étrangères a fait naître des maisons de style mixte de Chine et de pays étrangers.

Wuyi veut dire cinq villes, soit Xinhui, Taishan, Enping, Kaiping et Heshan, qui sont maintenant quatre villes et un arrondissement relevant de la municipalité de Jiangmen, au centre du Guangdong. Wuyi est un concept géographique, et reflète encore davantage une culture régionale et le milieu d'existence d'une communauté dotée d'une même parenté culturelle. Née d'une longue période historique, cette même caractéristique culturelle est différente de la notion culturelle des autres localités de Lingnan (au sud des monts Nangling), et trouve son expression dans les similitudes de dialecte, de l'histoire et des conditions géographiques et climatiques. En tant que manifestations matérielles de la culture régionale, les maisons de Wuyi possèdent beaucoup de points communs et aussi des particularités de la culture de la contrée des Chinois d'outre-mer.

Les maisons fortifiées sont témoins de l'histoire des Chinois d'outre-mer

Les maisons fortifiées, disséminées dans les villages, sont les constructions les plus impressionnantes et les plus caractéristiques du pays des Chinois d'outre-mer. Elles ont été construites dans le but de protéger leur village de l'attaque des bandits. En cas d'urgence, les villageois pouvaient se transférer dans ces maisons munies en haut d'une galerie en encorbellement permettant d'observer la situation extérieure et de tirer sur les assaillants. Ces maisons fortifiées se trouvaient généralement à un endroit surplombant tout le village. Chaque village en comptait au moins deux ou trois, et même sept ou huit. Le plus grand nombre de ces maisons sont conservées à Kaiping où, en 2000, on en a dénombré 1 400.

Ce genre d'habitation fit déjà son apparition au début de la dynastie des Qing dans les villages du district de Kaiping. Au début du XXe siècle, l'arrivée massive de mandats améliora considérablement les conditions de vie des parents des Chinois d'outre-mer. Rien que dans le district de Taisha, le montant des mandats atteignit 10 millions de USD par an avant 1929, et 30 millions de USD par an après 1929. Dans le même temps, l'ordre social se détériora de plus en plus dans les villages natifs de Chinois d'outre-mer, et des bandits pillaient les familles riches. Les villageois étaient obligés de s'organiser pour l'auto-défense. Les maisons fortifiées étaient donc un moyen de se défendre. Aujourd'hui, elles ont perdu leur sens

A Taishan, la tour Duanshi est une construction remarquable.

La tour Jingshoutian du district de Kaiping.

originel, mais témoignent du passé agité et créent une ambiance exotique.

Ces maisons fortifiées, au plan carré, sont généralement de trois à six étages, et les plus hautes sont de sept à neuf étages. Le corps de la maison est en murs épais et solides, avec de petites fenêtres et de nombreuses meurtrières. De larges pans de murs massifs donnent une forte impression de poids et de fermeture, mais ces maisons ne sont pas de vraies forteresses, et les fenêtres laissent entrevoir de jolis chambranles. Le corps de maison est surmonté d'une partie saillante servant à l'observation et au tir. On

Les lignes exquises d'une porte.

voit des trous en trapèze aux murs de galerie et aux planchers. Les angles présentent plus souvent une forme de colonne de style européen, et parfois une forme cylindrique ou octogonale. Outre sa destination militaire, cette partie saillante a aussi un sens esthétique et écologique. Sur le plan esthétique, cette partie en encorbellement relativement aérée constitue un beau contraste avec les murs fermés du bas. Sur le plan écologique, elle contribue à remédier au climat humide et lourd du Lingnan. Les toits de ces maisons fortifiées reposent généralement sur des socles carrés ou polygonaux et forment un beau paysage à l'horizon.

La tour de pierre est surmontée d'un dôme de style byzantin.

Les maisons fortifiées sont en argile, en briques ou en béton armé. L'argile (terre battue) et les briques sont les matériaux de construction traditionnels de Chine, et le béton armé est un produit de l'Occident. Construites dans les années 1920-30 par des Chinois d'outre-mer et des membres de leurs familles grâce aux moyens techniques les plus avancés de l'époque, ces maisons fortifiées reflètent la fusion et l'échange entre les cultures de Chine et des pays étrangers. Elles sont de style classique chinois, de style greco-romain, de style gothique ou de style islamique, et même l'architecture d'une maison fortifiée présente le mélange de divers

La combinaison miraculeuse des balustrades chinoises et des colonnes de style occidental.

Un édifice combinant le style architectural chinois et occidental.

styles.

Dans les régions des Chinois d'outre-mer, les villas, un autre type de maisons, sont aussi accrocheuses. Généralement d'un, de deux ou de trois étages, ces belles maisons ont été construites par des Chinois d'outre-mer plus ou moins riches dans un endroit pittoresque. De structure relativement libre, elles sont mieux adaptées à la vie et moins défensives que les maisons fortifiées, bien que leur apparence a quelques similitudes avec elles. Les galeries des villas sont mieux équilibrées et donnent un effet spatial plus beau.

Les constructions à étage en surplomb

Si les maisons fortifiées représentent les habitations des régions rurales de Wuyi, les constructions à étages en surplomb représentent celles des zones urbaines.

Elles combinent les fonctions du commerce et du logement.

Ce sont les constructions courantes pour le commerce en Chine du Sud. Un couloir à colonnes forme la façade du rez-de-chaussée abritant la boutique, et l'étage est la demeure du propriétaire. De nombreuses maisons en enfilade fournissent ainsi aux piétons un passage pouvant les protéger du soleil et de la pluie. Ces constructions à étages en surplomb, bien accueillies par les marchands et les clients, ont été d'inspiration étrangère. Comme les maisons fortifiées, les constructions à étages en surplomb résultent de la combinaison de la culture traditionnelle chinoise et de la culture occidentale.

En traversant le couloir du rez-de-chaussée, on voit toutes sortes de colonnes rondes ou carrées de style

Une rue commerçante du bourg de Tangkou, à Kaiping.

Des maisons à étage en surplomb.

chinois ou de style gréco-romain. Il y a trois manières de traiter les murs au-dessus des colonnes : pratiquer des fenêtres ornées d'éléments décoratifs chinois ou occidentaux ; construire une galerie ouverte munie de colonnes de style grec, romain ou islamique ; construire

La partie supérieure d'une maison surplombant la galerie des boutiques.

Les différents styles des maisons surplombant la galerie des boutiques.

un balcon dont le plan et les balustrades sont très variés. Ces édifices à étage en surplomb ont une toiture riche en couleurs. La plupart des toits sont ornés de motifs baroques ou rococo stylisés, et même portent un belvédère occidental miniaturisé.

Les constructions à étage en surplomb se trouvent généralement le long des rues commerçantes. La cherté foncière a obligé les propriétaires à limiter autant que possible la largeur de leur construction, en accroissant sa profondeur. Dans ces constructions, la cour intérieure, les salles et galeries assurent l'aération, l'ensoleillement, la prise et le drainage de l'eau et le déplacement. La disposition serrée de ces constructions paraît désagréable, mais elle est en fait adaptée aux conditions climatiques locales. Dans les régions de Lingnan, où l'été est chaud et l'ensoleillement prolongé, les murs hauts et les passages étroits créent davantage d'ombre, et la cour intérieure produit un bon effet d'aération.

En passant par cette file de constructions à étages en surplomb, on est agréablement surpris par cette continuité visuelle dérivant des rythmes répétés des façades étroites et semblables, aux couleurs harmonieuses, de ces maisons presque de même hauteur. C'est un chef-d'œuvre de l'urbanisme de la société traditionnelle chinoise qui étonne les architectes contemporains.

Une rue commerçante au bourg de Dihai.

Le pluralisme culturel qui se manifeste partout dans les contructions à étages en surplomb a entraîné une hétérogénéité frappante et une scène de vie dramatique. Le mélange de toutes sortes de maisons, une grande variété d'enseignes et de marchandises, criées par les marchands, montrent à la fois un grand désordre et une forte vitalité. En marchant dans ces rues, on ne manque pas d'être attiré par l'amalgame humouristique et vivant. Un tel amalgame est nécessaire et fort utile au maintien de la vitalité d'un quartier commerçant.

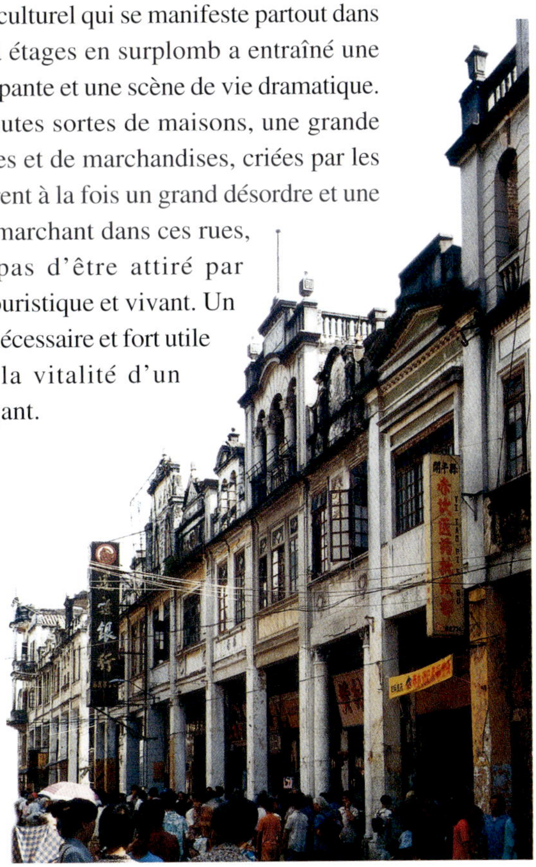
On peut remarquer divers styles architecturaux dans cette rue commerçante du bourg de Chikan, à Kaiping.

Le temple des ancêtres reflète aussi un pluralisme culturel

Non seulement dans la construction d'habitations, mais aussi dans celle des temples des ancêtres, le pluralisme culturel s'est manifesté clairement sur le plan architectural. Le système clanique plusieurs fois millénaire était si enraciné chez les Chinois, où qu'ils se trouvassent, qu'ils cherchaient toujours à regagner leur pays natal de manière triomphante pour rendre hommage à la mémoire de leurs ancêtres. Cela était particulièrement vrai pour les Chinois d'outre-mer. Parmi les ressortissants chinois à l'étranger, l'attachement à leur clan s'est transformé en attachement à leur pays natal et en une ardeur patriotique débordante. Au début du XXe siècle, beaucoup de Chinois d'outre-mer sont revenus dans leur pays natal pour ouvrir des usines, des écoles et des travaux d'utilité publique, contribuant à son développement social et économique. Quand leurs entreprises ont été couronnées de succès à l'étranger, les Chinois d'outre-mer faisaient construire des temples des ancêtres pour glorifier leurs mérites et encourager leur descendance à suivre leur exemple.

Du fait que les Chinois d'outre-mer ont subi l'influence du mode de vie et du sens esthétique de

Le Studio de l'Elégance à Kaiping.

leur pays d'accueil, les temples des ancêtres construits manifestent une structure et un style architectural mixtes, combinant les éléments chinois et étrangers.

Parmi les temples des ancêtres construits par les Chinois d'outre-mer ou leurs parents à Wuyi, le Studio de l'Elégance (Fengcaitang), à Kaiping, est le plus connu et le plus représentatif. Ce temple situé au village de Jiaodizui, au bourg de Dihai, l'un des trois ports de Kaiping, fut construit à la mémoire de Yu Jing. D'après la chronique, Yu Jing (999-1064), originaire de Qujiang, au Guangdong, fut un mandarin célèbre de la dynastie des Song. Ses descendants construisirent à Qujiang (actuellement un district sous juridiction de la municipalité de Shaoguan) le pavillon de l'Elégance (Fengcailou) à sa mémoire. Plus tard, ils firent bâtir des salles commémoratives ou établir des organisations en les nommant « Fengcai » ou « Wuxi (surnom de Yu Jing) » aux Etats-Unis, au Canada et à Guangzhou.

Les détails de décoration de la porte du Studio de l'Elégance.

Le temple construit en 1906, en l'an 32 du règne Guangxu de la dynastie des Qing, à la mémoire de Yu Jing à Kaiping comprend le Studio de l'Elégance et le Pavillon de l'Elégance, avec une surface bâtie totale de 5 364 mètres carrés. Comme le village de Jiaodizui fait face au plan d'eau sur trois côtés, ces constructions commémoratives, avec une école, sont orientées est-ouest. La place, à l'extrémité est, est destinée au rassemblement et aux exercices physiques des élèves, et le Studio de l'Elégance et le Pavillon de l'Elégance font face à l'axe est-ouest.

Le Studio de l'Elégance fut construit par des artisans en se référant à l'architecture occidentale. Comme ceux-ci n'ont pas reçu de formation régulière, ils étaient moins liés par « les règles professionnelles », et donnaient libre cours à leur esprit créatif. Ce temple a

Le pignon en escalier.

La base et les balustrades de l'entrée du Studio de l'Elégance présentent de magnifiques sculptures sur pierre.

un plan et des fonctions semblables aux autres temples des ancêtres. C'est un ensemble de constructions ressemblant à un grand *siheyuan* comprenant trois édifices, 15 salles et six cours, disposés de manière harmonieuse. Son trait marquant est la forme de ses pignons étagés. Les deux premiers pignons, avec un angle de 75°, donnent l'impression qu'ils sont élancés vers le ciel.

Les techniques de l'architecture traditionnelle, comme sculptures sur pierre, sur bois, sur briques, poteries modelées et moulage de fonte, sont largement appliquées aux éléments composants du temple. Sur les parois en pierre de la terrasse-tambour du portique sont par exemple sculptées des bas-relief représentant la traversée de la mer par les Huit Immortels. Quant à la décoration des détails, on voit un mélange des styles chinois et occidental. Par exemple, sur les auvents des deux longues galeries, à gauche et à droite, on voit au sommet des sculptures décoratives de couronnes de feuilles, et un peu plus en bas les bords saillants

A l'intérieur du Studio de l'Elégance, la combinaison des styles architecturaux chinois et occidental est aussi évidente.

La coloration de style chinois est combinée avec une arche de style occidental.

en tuiles vernissées et des fresques de paysage de style chinois, et plus en bas des inscriptions et des ornements de style occidental. Ils rappellent les portes à arche occidentales.

Dans le Studio de l'Elégance, les colonnes sont aussi de style mixte. Le chapiteau est entièrement de style grec-romain, mais le corps n'a pas de cannelure. La proportion de la colonne ne correspond pas à celle des colonnes greco-romaines. Certaines colonnes reposent sur une base entièrement de style chinois. Les colonnes sont généralement de pierre, et pafois de fer. Par exemple, le pavillon en forme demi-octogonale contigu à la partie antérieure de la salle principale est une contruction soutenue par quatre colonnes de fer forgée, et couverte d'un toit de tuiles vernissées vertes.

Le trait commun des constructions à Wuyi—maisons fortifiées, habitations à étages en surplomb et temples—vise à assimiler la culture étrangère et à la combiner avec la culture locale. Les maisons de Wuyi n'ont pas été construites par des architectes, et les artisans locaux ont assimilé tout ce qui est utile, qu'il s'agisse de l'architecture chinoise ou étrangère. Bien que cette façon d'agir ne pût pas assurer un plein succès, elle reflétait l'ouverture des habitants de cette région de Chinois d'outre-mer et l'esprit créatif de la culture de Lingnan.

Les détails de l'intérieur et de la décoration du Studio de l'Elégance.

5 Shaoxing, une contrée de cours d'eau avec des ponts et maisons pittoresques

◇ Trois mille « taimen » à la capitale des Yue
◇ Les maisons alignées au bord de l'eau
◇ Des théâtres anciens au bord de cours d'eau
◇ Les anciennes résidences de personnalités

Célèbre ville historique et culturelle de la Chine, Shaoxing se fait remarquer par son paysage naturel incrusté de rivières et de ponts, et son riche patrimoine culturel. Les maisons de Shaoxing sont la cristallisation de la civilisation millénaire des anciens Yue et reflètent leur éthique, leur niveau technique et leur sens esthétique.

Shaoxing se trouve dans l'ouest de la plaine de Ningbo-Shaoxing, sur la rive sud du golfe Hangzhou, et sur le versant nord des monts Guiji. Il a sous sa juridiction les districts de Shaoxing et de Xinchang, les municipalités de Zhuji, de Shangyu et de Shengzhou, et l'arrondissement de Yuecheng. C'est une région peuplée et fertile. Selon une légende, Yu le Grand y accorda une audience à des feudataires. A l'époque des Printemps et Automnes et des Royaumes combattants (770-221 av. J.-C.), Shaoxing fut le centre de l'Etat de Yue. Le roi Goujian le gouverna de tout son cœur et annexa l'Etat voisin de Wu. Après avoir unifié la Chine, le premier empereur des Qin y institua la préfecture de Guiji. En 1130, au momment où les Jin connurent la défaite et s'étaient retirés, l'empereur Gaozong de la dynastie des Song du Sud rebaptisa son règne Shaoxing qui signifie « recommencement de la prospérité ». La préfecture de Yue prit donc le nom de province de Shaoxing.

Sur le plan géographique, Shaoxing était au centre de la sphère culturelle des Yue et faisait partie de la sphère culturelle des Han au Jiangnan. De ce fait, les maisons de

Shaoxing étaient aussi en structure de bois assemblés au moyen de tenon et de mortaise. Dans l'ensemble, elles étaient semblables à celles des autres régions de l'eau du Jiangnan, comme celles de Huizhou et de Suzhou. Mais, dans les détails, elles avaient leur personnalité résultant des conditions géographiques, de l'histoire et de la culture de Shaoxing où « les maisons longent les rivières enjambées de nombreux ponts ».

Le pays de l'eau.

Trois mille « taimen » à la capitale des Yue

Les maisons de Shaoxing avaient leur personnalité non seulement sur le plan morphologique, mais aussi sur le plan nominatif. Les maisons plus ou moins importantes s'appelaient « taimen ». Dans la

Une rivière bordée de maisons.

ville de Shaoxing, dit-on, il y avait trois mille « taimen », ce qui prouve son ancienne prospérité. Ces résidences étaient très profondes : la porte, la salle de séjour, la chambre principale et la chambre postérieure formaient l'axe et sur ses deux côtés étaient les chambres latérales d'importance secondaire, le débarras et la cuisine. Pour chaque résidence, il y avait en général cinq cours séparant ces pièces et servant à l'aération et à l'ensoleillement de la maison. Le plan d'une résidence de Shaoxing était donc rectangulaire, orienté nord-sud. C'était une construction fermée à l'extérieur, avec les pignons généralement sans fenêtre, pour considération anti-incendie et anti-vol. Mais à l'intérieur, les pièces étaient ouvertes sur les cours intérieures, et pleines de vitalité.

Les « taimen » avaient des noms très variés. Ils étaient généralement de quatre catégories : les « taimen » du chancelier, du docteur ou du ministre (appellation selon les fonctions officielles du propriétaire) ; les « taimen » des palanquins, des feuilles d'étain servant à faire des imitations de lingots d'argent pour les morts, et du pharmacien (appellation selon les métiers) ; les « taimen » de bambou et de soie, de plaques de fer ou de huit trigrammes (appellation selon les caractéristiques architecturales), et les « taimen » de la famille Wang, de celle de Zhang, de celle de Lin (appellation selon le nom de famille). Chaque résidence a enregistré l'histoire d'un clan et témoigne des changements de la société. Aujourd'hui, un grand nombre de « taimen » sont en ruines et on ne sait pas qui étaient leurs propriétaires. Mais le mode de vie et l'ambiance à l'intérieur de ces « taimen » subsistent encore, et font partager les charmes de la culture des anciens Yue.

La « visière » d'une porte.

Le style ancien est toujours là !

Le *taimen* de la famille des Zhang a un lourd bagage de l'histoire.

Les maisons de Shaoxing étaient généralement sans étage ou à un étage, et n'étaient pas rigoureusement symétriques le long de l'axe. Un certain nombre d'entre elles avaient leur porte d'entrée sur une ruelle (nommée Longtang) d'à côté, qui était surmontée d'une chambre. En empruntant la ruelle étroite et fraîche et entrant dans la cour intérieure fermée de la maison, on a une forte sensation de lumière. Les bâtisseurs de maisons à Shaoxing ont fait preuve de souplesse et d'ingéniosité dans l'utilisation de l'espace. La cour intérieure, différente l'une de l'autre, a toujours procuré une agréable surprise aux visiteurs. Dans les grandes résidences, une galerie circulaire à l'étage surplombait la cour intérieure, et l'on pouvait parler facilement entre le rez-de-chaussée et l'étage.

D'étroites ruelles dallées séparaient les résidences. En saison pluvieuse, une longue ruelle étroite partant au loin, sous la bruine, rappelait un lavis chinois. Le bas des murs extérieurs était tapissé de pierres afin de protéger les briques de l'intérieur.

Dans les résidences de haut standing, les portes, les fenêtres, les panneaux d'isolation et les équerres d'assemblage entre colonne et poutre étaient sculptés d'images

Une venelle profonde.

zoomorphes, de personnages et de motifs de bon augure. En général, ces sculptures sur bois n'étaient pas peintes, et sont devenues grisâtres au fil du temps. Les panneaux d'isolation ont été parfois peints en noir, et leur contraste avec les murs blanchis à la chaux dénote un charme archaïque. Les sculptures sur pierre sont généralement les éléments décoratifs du faîtage et de la « visière » de porte. Dans certaines maisons, les fenêtres étaient en pierre ajourée dont le dessin est un caractère ou une mascotte, entourés de motifs linéaires.

L'art architectural de Shaoxing est, selon certains spécialistes, l'art du « noir,

De belles sculptures sur bois.

Un chef-d'œuvre de la sculpture sur pierre.

Des bateaux aux bâches noires.

blanc et gris ». En effet, quand on se promène dans un quartier traditionnel de Shaoxing, on est entouré par les murs chaulés, les maisons aux tuiles grises, les ponts de pierre verdâtre et les panneaux d'isolation bruns foncés. A Shaoxing, on ne peut pas ne pas être grisé par cette sérénité profonde du pays de l'eau où flottent de petits bateaux aux bâches noires, avec des bateliers coiffés de bonnets de feutre gris. L'esthétique locale, exprimée par le « noir, blanc et gris », purifie l'état d'âme, insuffle la discrétion et la grandeur d'âme, et conseille aux gens de s'écarter des vanités et de garder un esprit serein. Dans une ambiance paisible et bucolique, les villageois sont à leur aise.

Les personnes âgées de Shaoxing.

Une scène typique du pays de l'eau.

Les maisons alignées au bord de l'eau

Au cours de plusieurs milliers d'années, les anciens Yue s'efforcèrent de contrôler les eaux et d'en tirer profit. C'était à la lumière de leurs expériences accumulées dans cette lutte qu'ils choisirent l'emplacement de leurs constructions et disposèrent les rues par rapport aux rivières.

La région de Shaoxing était une plaine sédimentaire de la période quaternaire. A l'époque holocène, elle fut envahie par la mer. Puis, les eaux de mer se retirèrent et laissèrent un grand nombre de lacs et de rivières. Aujourd'hui, les fleuves Cao'e et Puyang, le lac Jian et le canal du Zhejiang oriental reliant les divers cours d'eau forment un système hydrologique dense à Shaoxing. Les collines verdoyantes, les rivières et lacs aux eaux limpides, et une végétation luxuriante, font de Shaoxing une région pittoresque.

Au cours de leur vie et de leurs activités productrices, les anciens Yue ont construit des barrages et digues, drainé les cours d'eau, creusé des canaux pour transformer une lande marécageuse en une plaine fertile, qui produisait abondamment riz et poisson. Grâce aux ouvrages hydrauliques, Shaoxing n'a jamais souffert de l'inondation. Les agglomérations ont été donc placées dans les régions riveraines, et les maisons longent les rivières ou même enjambent un cours d'eau. Selon une statistique, plus de 80% des 2 500 villages de la région de Shaoxing sont au bord de l'eau. Pour les habitants de Shaoxing, l'eau est aussi bien un facteur important de leur vie et de leur production, qu'un moyen de transport. Elle constitue un élément organique de leur environnement et aussi la source de la culture des Yue.

Les maisons traditionnelles de Shaoxing sont groupées au bord de rivière. Deux rues longeant une rivière, une rue au bord d'une rivière ou une rivière sans rue sont

Une rivière flanquée de rues.

Une rue bordée de rivière.

les principales formes de ces agglomérations dépendant des systèmes de transports terrestres et de transports fluviaux. Dans les gros bourgs, les « taimen » étaient géréralement derrière une rue et devant une rivière. La partie face à la rue était la boutique, et les marchandises étaient transportées sur la rivière de derrière. La rue, généralement étroite, était destinée aux piétons, et la rivière, aux transports. Ce système de communications était fort efficace.

Dans ces agglomérations, les rues, situées entre pâtés de maisons et rivière assuraient les transports terrestres et les reliaient aux transports fluviaux. C'est pourquoi à Shaoxing il y avait beaucoup d'embarcadères, à quatre ou cinq mètres de distance dans certaines sections de rue. Dans les rues très fréquentées, comme Keqiao et Anchang, des galeries couvertes s'étendaient le long de ces rues riveraines pour protéger les passants de la pluie.

Il y a beaucoup de ponts à Shaoxing. Selon une carte de Shaoxing dressée en 1893, sous le règne de l'empereur Guangxu de la dynastie des Qing, il y avait à l'époque 229 ponts dans cette ville. Aujourd'hui, Shaoxing est parmi les villes conservant le plus de ponts anciens de diverses catégories : pont en troncs d'arbre, pont de bois à arches, pont flottant, pont de pierre, pont de pierre polygonal, ponts de pierre à arche hémisphérique, à arche en forme de sabot de cheval ou à arche ovale. Shaoxing est surnommé le « musée des ponts anciens de Chine ».

A Shaoxing, les ponts constituent une partie organique de l'urbanisme. Prenons pour exemple le pont en forme de 八, jeté sous les Song (960-1279) sur les rivières à l'est de Shaoxing. C'est le plus ancien pont de ville en bon état de conservation dans le pays entier. La conception de ce pont est originale. Il

La longue galerie.

Le pont en forme de 八 à Shaoxing.

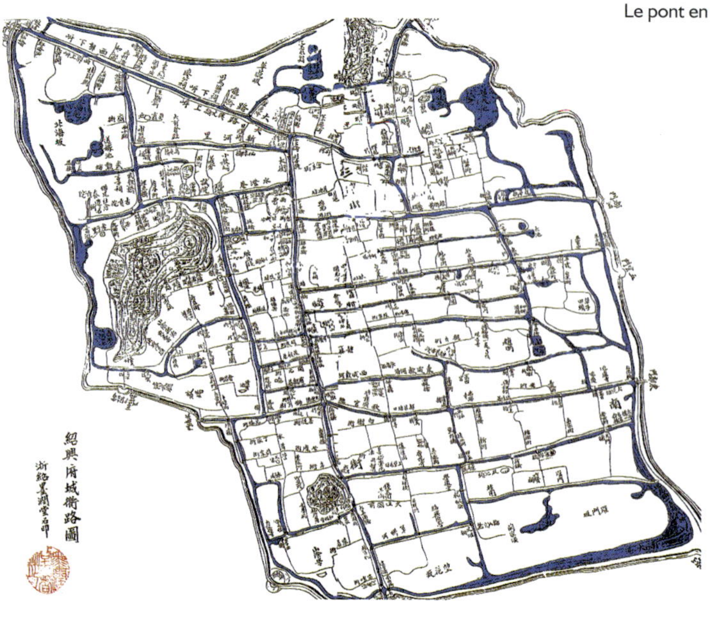

La carte des rues du chef-lieu de la préfecture de Shaoxing.

enjambe une rivière et deux ruisseaux latéraux, qui coulent à travers une arche carrée. Ce pont enjambant trois cours d'eau et reliant trois rues est un échangeur ancien capable de résoudre le problème de transport sans occuper trop de terrain. Le petit pont de pierre à Anchang traverse deux maisons des rives. Vu de l'autre rive, ce pont est harmonieux et évoque une tête de pont.

Le pont ancien d'Anchang.

Des théâtres anciens au bord de cours d'eau

Shaoxing est également connu pour son théâtre varié : les airs traditionnels de Xinchang (*xinchang gaoqiang*), les ballades variées de Shaoxing, riches en couleurs locales, et le *yueju* (opéra de Shaoxing), deuxième genre théâtral de Chine après l'opéra de Pékin. La prospérité du théâtre donna le jour à un grand nombre de scènes de théâtre. Le grand écrivain Lu Xun (1881-1936) écrivait dans « Le théâtre des dieux » : « Notre attention alla à la scène dressée en dehors du village, sur un terrain vague en bordure de la rivière. De loin, elle s'estompait sous le clair de lune, à peine détachée de son environnement. J'eus l'impression que le pays des fées, que m'avaient révélé des images, avait pris vie. » Dans la région de Shaoxing, ces tertres destinés aux représentations théâtrales ont un nom particulier : « Tertre de dix mille ans », dans lequel les villageois plaçaient leur espoir de les voir se perpétuer à jamais.

A Shaoxing les théâtres étaient généralement sur l'axe du pâté des maisons, devant un temple bouddhique ou un temple ancestral. Le tertre était divisé en partie antérieure ouverte—destinée à la représentation—, et partie postérieure couverte réservée au repos et au maquillage des acteurs, au dépôt

Une scène du village et la représentation théâtrale.

des accessoires, et servant d'arrière-plan de la scène. En général, la scène faisait face à un temple et le cours d'eau de derrière facilitait le transport des accessoires. Les artisans ont mis tout leur talent à embellir la scène qui était sculptée avec finesse et peinte avec splendeur.

Les scènes étaient disséminées au bord de l'eau, dans les villages. Elles étaient généralement proches des ponts ou des esplanades voisines. Cette position avait plusieurs avantages : les investissements étaient faibles, la dispersion des spectateurs était facile, et la chaussée surélevée du pont était un endroit excellent pour regarder le spectacle. Dans les agglomérations traditionnelles de Shaoxing, la scène pour les spectacles était une construction indispensable. En divertissant les villageois, le spectacle donné jouait un rôle moralisateur et leur inculquait l'éthique féodale. Mais, cette culture du terroir reflétait de toute façon les aspirations et l'idéal des villageois. Sur le plan architectural, la scène de spectacles de Shaoxing reflète parfaitement le style libre et gracieux des constructions au pays de l'eau. Elle était une partie organique du paysage bucolique de Shaoxing.

Ces scènes sur les rives sont adossées à la terre

Une scène érigée sur la rivière.

ferme, ou enjambent un cours d'eau ou une ruelle, ou sont au milieu d'une rivière. Celles qui sont adossées à la terre ferme et font face à l'eau sur trois côtés sont les plus fréquentes. Un exemple est fourni par la scène de spectacles de Ancheng, dans l'arrondissement de Mashan, au district de Shaoxing. Du fait qu'à Shaoxing les espaces publics étaient principalement les rues et rarement des places, la construction de la scène sur un plan d'eau permettait d'accepter davantage de spectateurs.

Quand il n'y avait pas de terrain assez grand pour permettre la construction de la scène, celle-ci était placée sur la rivière même. Par exemple, au village Longjing, à Nanshantou, à la porte sud de Shaoxing, les spectateurs étaient dans leurs bateaux pour regarder le spectacle joué sur la scène. La scène enjambant une ruelle est chose fort intéressante. C'était un kiosque en temps ordinaire, et une scène quand il y avait un spectacle. La scène de Tuguci, toujours en bon état de conservation, en est un exemple. Les scènes construites au milieu de rivières, comme celles décrites par Lu Xun, étaient généralement temporaires.

Les anciennes résidences de personnalités

Shaoxing est le pays natal de nombreuses personnalités célèbres, et celles-ci ont laissé des résidences ou salles de grande valeur culturelle. On peut citer pour exemples la résidence de la famille Lü, les maisons de Lu Xun, du grand calligraphe Wang Xizhi (321-379), des révolutionnaires démocrates Qiu Jing (1875-1907) et Xu Xilin (1873-1907), du célèbre pédagogue Cai Yuanpei (1868-1940), et le Cabinet de travail aux Lierres et celui aux Trois Senteurs. Ces constructions sont caractérisées par leur grandeur historique, par leur « senteur de l'encre de Chine » ou par leurs attrayantes couleurs locales.

La résidence de la famille Lü représente les maisons mandarinales. C'est la résidence de Lü Ben, ministre de la Fonction publique à l'époque Jiajing (1522-1566) de la dynastie des Ming. Elle comprend deux voies de bateaux de direction nord-sud, et une voie carrossable de direction est-ouest, ainsi que 13 salles disposées le long de l'axe. Du sud au nord, ce sont le salon des chaises à porteurs, le studio de la Gratitude éternelle, les 3e, 4e et 5e salles, et cinq salles latérales. Les cours intérieures y sont spacieuses, et les salles aussi, bâties de gros bois d'œuvre. Cette résidence reflète les caractéristiques des maisons mandarinales de la dynastie des Ming en Chine du Sud, et aussi le style sobre et gracieux des habitations de Shaoxing.

L'ancienne résidence de Xu Xilin.

Le Cabinet de travail aux Lierres est la maison-jardin type qui, d'un are à peine, est dans un environnement calme et ravissant. C'est dans cette maison qu'est né Xu Wei (1521-1593), célèbre peintre et homme de lettres de la dynastie des Ming. Chen

Hongshou (1598-1652), grand peintre du début de la dynastie des Qing, y séjourna. Le Cabinet de travail est une maison sans étage aux murs de briques et colonnes de pierre. Elle a deux chambres, aux fenêtres de bois ajourés. La chambre antérieure est exposée au sud, à l'intérieur de laquelle sont suspendus le portrait de Xu Wei, sa calligraphie « A l'abri des poussières » et la tablette portant l'inscription calligraphiée par Chen Hongshou : « Cabinet de travail aux Lierres ». De la fenêtre du sud, on voit un étang dans la cour intérieure que Xu Wei a évoqué en ces termes : « Il est très profond et ne tarit jamais, que ce soit en saison de pluie ou saison sèche, et semble habité par une déesse ». A l'ouest de l'étang, un mur blanc est couvert de lierres et, sous les rayons du soleil, donne la vie au large pan du mur blanc. La simplicité savoureuse de sa disposition nous permet de voir la virtuosité de ce grand artiste dans la construction de sa maison.

A l'intérieur d'une maison de Shaoxing.

La maison de Lu Xun, le Cabinet de travail aux Trois Senteurs, le jardin aux Cent Plantes et la maison ancestrale représentent les maisons ordinaires de l'époque du jeune Lu Xun. Dans ses nombreux écrits, ce grand homme de lettres en a donné une description vivante, comme dans « De cent plantes et de trois senteurs ». Le cabinet de travail aux Trois Senteurs était une célèbre école privée à Shaoxing à la fin de la dynastie des Qing. Lu Xun y a fait ses études de 12 à 17 ans. Que ce soit sa maison ou son école, elles constituent le type traditionnel des maisons de Shaoxing

L'entrée du Cabinet de travail aux Trois Senteurs.

à la charnière des dynasties des Ming et des Qing : les murs blancs, les tuiles grises, les colonnes et poutres peintes en noir. Le jardin aux Cent Plantes, qui se trouvait derrière la maison de Lu Xun, était le jardin potager du « taimen » du clan Zhou, composé d'une dizaine de familles. Quand il était petit, Lu Xun y allait souvent s'amuser, cueillir des mûres pourpres, des framboises, attraper des grillons au pied du mur de terre battue et arracher des tubercules...Ces souvenirs indélébiles de Lu Xun reflètent la vie des agglomérations traditionnelles.

Les maisons de Shaoxing sont le fruit de l'acclimatation des anciens Yue aux conditions naturelles du pays de l'eau, et de l'accumulation de la sagesse et de la joie de vivre.

6 Les maisons à cour carrée de Beijing

- Disposition d'un *siheyuan*
- Les portails
- La porte à fleurs tombantes
- Un monde particulier

Depuis 1264, année de la fondation officielle de sa capitale à Pékin, la dynastie des Yuan entreprit son édification planifiée sur une large échelle. Les *siheyuan* (maison à cour) firent leur apparition avec des palais, des bureaux administratifs, des quartiers et des *hutong* (ruelle). Dans *Xijinzhi*, écrit par Xiong Mengxiang à la fin de la dynastie des Yuan, il est écrit que « ...les avenues de direction nord-sud s'appellent *jing* et celles de direction est-ouest, *wei*. Une avenue mesure 24 pas de largeur, comprend 384 petits passages anti-incendie et 29 ruelles. » Ces ruelles désignent ce que nous appelons aujourd'hui *hutong*. Les espaces entre les *hutong* étaient destinés à la construction de maisons par ses sujets. Le fondateur de la dynastie des Yuan, Koubiley khan, a publié un édit notifiant que « les riches et les mandarins sont les premiers à déménager dans la capitale, et chacun peut recevoir un terrain de huit *mu* pour construire sa maison. »

Mis à part la Cité interdite, les jardins impériaux, les temples et monastères, les résidences princières et les bureaux administratifs, les habitations étaient

Le portail d'une maison à cour carrée.

innombrables dans le Pékin impérial. Depuis les dynasties des Ming et des Qing, le *siheyuan*, cet espace d'habitation élémentaire de Beijing, a pris forme et n'a cessé de se perfectionner.

Le *siheyuan*, dont la disposition est recherchée et l'environnement est calme, manifeste un archaïsme et une grâce élégants et majestueux. Le perron élevé, le portique rouge, les « briques décoratives à l'angle du mur latéral et du toit » (Bofengtou en chinois), la ligne du faîtage relevée aux deux extrémités, des paysages peints sur les auvents, le jardinet bien entretenu... tout cela montre le charme de ces habitations traditionnelles.

Disposition d'un *siheyuan*

Les *siheyuan* de Pékin ont des liens intrinsèques avec le réseau des rues en échiquier de la ville. Les maisons à cour carrée régulières sont exposées au sud, alors que les ruelles sont de direction est-ouest. Elles ont une structure symétrique

Une succession des maisons à cour carrée.

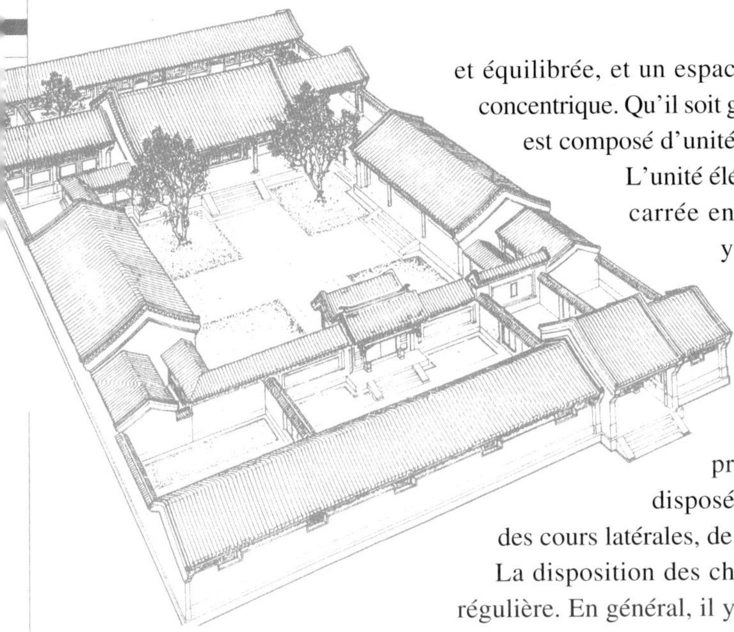

Une maison à cour carrée d'importance moyenne.

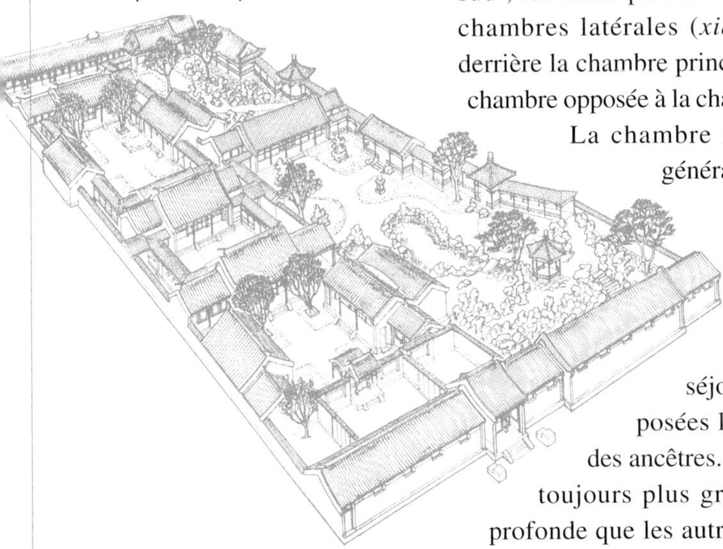

Une grande maison à cour carrée, avec un jardin.

et équilibrée, et un espace fermé à l'extérieur et concentrique. Qu'il soit grand ou petit, le *siheyuan* est composé d'unités élémentaires.

L'unité élémentaire en est une cour carrée entourée de chambres. Il y a des *siheyuan* qui comprennent deux, trois ou quatre cours, et même jusqu'à neuf cours, comme les grandes résidences princières. Sauf les cours disposées sur l'axe, il y a aussi des cours latérales, de l'est et de l'ouest.

La disposition des chambres du *siheyuan* est régulière. En général, il y a la chambre principale (*zhenfang*), toujours située au nord et exposée au sud ; les demi-pièces sur les côtés (*erfang*); les chambres latérales (*xiangfang*); les chambres derrière la chambre principale (*houzhaofang*) et la chambre opposée à la chambre principale (*daozuo*). La chambre principale, comprenant généralement trois pièces, est la meilleure et la plus importante chambre du *siheyuan*. Dans la pièce centrale est aménagée la salle de séjour et de réception, et sont posées les tablettes à la mémoire des ancêtres. La chambre principale est toujours plus grande, plus haute et plus profonde que les autres chambres. La pièce de l'est, plus grande que celle de l'ouest, est

La chambre principale, les chambres latérales et la cour, vues de la « porte à fleurs tombantes ».

généralement réservée aux grands-parents, et la pièce de l'ouest, aux parents.

Aux côtés de la chambre principale sont généralement aménagées les demi-pièces appelées *erfang* (chambres d'oreilles). Celles-ci sont également exposées au sud, mais leur mur antérieur est reculé par rapport à la chambre principale, et leur hauteur est également plus petite. Les *erfang* de côté ont une ou deux pièces, et font face aux pignons nord des chambres latérales. Isolés à l'est et à l'ouest par le mur de la cour et le couloir, les espaces fort restreints forment une petite cour devant les *erfang*. C'est là que le propriétaire de la maison plante des arbres et fleurs de son choix. Les *erfang* servent souvent de cabinet de travail au propriétaire. Elles ont une porte menant à la chambre

Les « chambres d'oreilles » et la petite cour.

principale.

Les chambres latérales sont généralement occupées par les frères plus jeunes non mariés et les fils. La chambre principale et les chambres latérales sont liées par un couloir ouvert.

La rangée de pièces, derrière la chambre principale, s'appelle *houzhaofang* et est destinée généralement aux filles et aux bonnes. Ces pièces sont les plus reculées. Les filles qui les occupent doivent passer par la chambre principale pour sortir et entrer, et sont donc sous la surveillance de leurs parents. Ces pièces, plus petites que les chambres latérales, sont de grade inférieur. Si l'arrière du *siheyuan* donne sur une ruelle, une pièce du nord-ouest est réservée à l'usage de la porte de derrière. Le mur n'a généralement pas de fenêtre ou a de petites fenêtres haut perchées.

Le *houzhaofang* est à l'extrémité nord du *siheyuan*, et le *daozuo* est, par opposition, à l'extrémité sud. Parmi ces pièces exposées au nord, celle de l'est est réservée au précepteur, la deuxième pièce, à partir de l'est, est la porte. Dans la troisième pièce logent les domestiques masculins. Les trois pièces en face de la porte appelée *chuihuamen,* dans le mur mitoyen, sont destinées aux visiteurs ou servent de salle de réception. La dernière pièce de l'ouest est le cabinet de toilettes, séparé de la cour antérieure par un mur mitoyen dans lequel on a percé une petite porte. Selon les anciens, la construction du cabinet de toilettes dans ce coin-là, dans le sud-ouest de la maison, peut empêcher, par ces ordures, les diables, concentrés généralement au sud-ouest, de pénétrer dans la maison.

Les *siheyuan* ayant deux cours sont généralement divisés en demeure intérieure et demeure extérieure, qui communiquent par une deuxième porte—la porte à « fleurs tombantes » ou porte de paravent.

Les portails

La porte est la figure d'une maison et marque la position sociale de son propriétaire. Depuis toujours, les Chinois ont donc prêté une grande attention à l'aménagement de la porte de leur maison. Les portes étaient strictement hiérarchisées quant à leur forme, leur grandeur, la forme de leur toit, à la couleur de leur peinture et aux motifs de décoration.

Le portail à colonnes dorées.

Le portail en « forme de spectre de bon augure ».

Selon leur hiérarchie, les portes des *siheyuan* sont divisées en portail des résidences princières, portail spacieux et brillant (Guangliang damen), portail à colonnes dorées (Jinzhu damen) et porte en forme de spectre de bon augure (ruyi men). Les trois premières catégories de portes sont destinées aux résidences des princes, des nobles et des mandarins, et le « ruyi men » est celui des maisons des marchands et des riches. La caractéristique principale de la porte du *siheyuan* est qu'elle ressemble à une pièce de maison.

Sous les Qing, ceux qui avaient droit à munir leur résidence d'un portail Guangliang étaient des mandarins d'un certain grade. Comme nous l'avons indiqué ci-dessus, la porte du *siheyuan* est pratiquée dans une pièce centrale du *daozuo*. Cette pièce est plus haute et plus profonde que les autres pièces du *daozuo*. Les deux pans du mur flanquant la porte avancent par rapport aux autres pièces, et la fondation de la porte est surélevée. En sortant de la maison, on a le sentiment de dominer la rue et en entrant, on a le sentiment de s'élever. Au-dessus des pignons aux deux côtés extérieurs de la porte et près de la partie inférieure du toit, figurent des sculptures de briques dont les motifs sont de nature à souhaiter le bonheur ou à faire fuir le mal.

La caractéristique du portail Guangliang est que la porte est justement sous la ligne de faîte, et entre les colonnes des pignons. Le passage de l'entrée est divisé en deux parties, à l'extérieur et à l'intérieur de la porte. Les gonds des battants entrent dans les crapaudines de pierre aux extrémités du seuil. Les battants de bois sont scellés par les « épingles de porte » qui sont généralement quatre, de formes diverses et sculptées. Une paire d'ornements de pierre ressemblant à un tambour sont posés à l'extérieur contre les battants.

Dans la plupart des cas, le portail Guangliang n'a pas de plafond et la structure du toit est visible. Mais il

Ornements de pierre en forme de tambour.

y a aussi des familles qui ont plafonné la moitié intérieure du toit du portail, derrière la porte. Le toit du portail est en pente unie (yinshan shi), et couvert de tuiles demi-circulaires ou de tuiles imbriquées. Il y a des marches au dehors de la porte.

Le portail à colonnes dorées est de structure plus raffinée que le portail Guangliang. Les colonnes dorées sont celles situées entre les colonnes centrales soutenant la ligne de faîte et les colonnes soutenant respectivement l'auvent intérieur et l'auvent extérieur.

Un lion trône sur une « pierre-oreiller » de la porte.

Le mur-écran.

Dans le cas du portail à colonnes dorées, les battants sont installés à la place des colonnes dorées extérieures, entre les colonnes centrales et les colonnes soutenant l'auvent extérieur. Ainsi le passage au-delà des battants est plus court que celui en-deça des battants. Les autres parties du portail à colonnes dorées sont semblables à celles du portail Guangliang, à ceci près que le premier est plafonné et les encorbellements sont peints de motifs du style de Suzhou.

Le mur-écran est une construction en briques décorative et auxiliaire du portail. Il a pour fonctions de cacher le désordre et d'embellir l'entrée. En entrant dans la maison, les visiteurs voient d'abord le mur-écran soigneusement travaillé et décoré, ainsi que les caractères de bons vœux.

Le mur-écran et le portail sont inséparables et créent ensemble une excellente vision esthétique.

La porte à fleurs tombantes.

La porte à fleurs tombantes

Les portes à fleurs tombantes, de travail très recherché, séparent la cour extérieure de la demeure intérieure.

Elles sont disposées sur l'axe principal, au milieu du côté nord de la cour extérieure, sur un perron de trois ou cinq marches, afin de séparer la cour antérieure et la cour intérieure. C'est dans la cour antérieure que le chef de famille reçoit les visiteurs, et la cour intérieure est le milieu de vie de la famille, dont l'accès est généralement interdit à toute personne qui n'est pas de la famille, même aux domestiques masculins.

Les portes à fleurs tombantes ont une fonction défensive et une fonction de paravent. La première porte, relativement épaisse et solide, est installée entre les deux piliers extérieurs. Elle est ouverte pendant la journée et fermée la nuit. Une autre porte, appelée porte de paravent, est installée entre les deux piliers intérieurs. Elle est fermée tout le temps, sauf pendant les cérémonies de mariage ou de décès. Les entrées et sorties se font par les portes latérales ou le couloir des deux côtés. Les portes à fleurs tombantes jouent justement ce rôle de communication entre les demeures intérieure et extérieure et d'isolation.

Les portes à fleurs tombantes sont ainsi appelées à cause des colonnes suspendues de l'auvent, décorées de pétales de fleurs sculptées, généralement de fleur de lotus ou d'étamine de fleur.

Les portes à fleurs tombantes se remarquent par leur ornement : presque toutes les parties saillantes sont soigneusement décorées. Les encorbellements extérieurs sont sculptés de nuages. Sous ces encorbellements, sont suspendues de courtes colonnes sculptées en pétales de fleurs de lotus, en perles enfilées, en nuages superposées ou en grenade. Ces courtes colonnes sont appelées « colonnes tombantes à fleur de lotus ». La pièce reliant ces deux petites colonnes tombantes

La colonne suspendue décorée de fleur de lotus.

La colonne suspendue.

soigneusement sculptées est également décorée de nature à évoquer l'abondance de la famille, la fortune, le bonheur, la longévité, l'avancement ou « les trois amis de l'hiver » (calycanthe, pin et bambou). Toutes ces sculptures confèrent une note sublime aux portes à fleurs tombantes.

Celles-ci constituent le plus grand attrait de la maison qui reflète les ressources financières du propriétaire, l'état de sa lignée et sa formation culturelle, et même son tempérament et son penchant.

Les portes à fleurs tombantes reflètent aussi l'assiduité et l'intelligence des artisans chinois et illustrent les mœurs sociales.

Un monde particulier

Dans le *siheyuan* de Pékin , les chambres, les couloirs et le mur d'enceinte créent un espace de vie fermé.

La maison à cour carrée convient très bien à la région de Pékin où 200 jours sans givre permettent de longues activités dans la cour. Dans la cour spacieuse, les

Une cour arrière pleine de charme.

bâtiments de maison sont disposés de façon à ne pas empêcher mutuellement l'ensoleillement, de sorte qu'en hiver, tous les bâtiments peuvent recevoir davantage de rayons de soleil. Les habitants peuvent avoir ainsi un meilleur état d'esprit. Dans le *siheyuan* fermé à l'extérieur, toutes les portes et fenêtres sont ouvertes sur la cour intérieure. C'est une mesure efficace de prévention du vent chargé de sable. Du fait que la cour est le pivot de la vie familiale, son aménagement est au centre de l'attention de toute la famille.

L'entrée de l'ancienne résidence d'une personnalité.

La cour principale est pavée sauf un terrain carré à chaque angle, destiné à la plantation d'arbres. Les plantes d'agrément étaient généralement le lilas, le bégonia, le pêcher, le jujubier, le sophora et le pommier d'api. A nos jours, tous les arbres qui donnent de belles fleurs et des fruits sont plantés dans la cour.

Mais, les fleurs en pot dans la cour captent encore davantage l'attention. Sous les Qing, un adage décrit la cour en ces termes : « ciel, aquarium, grenadier, patriarche, chien et fillette ». Dans l'aquarium, on élève non seulement des poissons rouges, mais on plante aussi des nénuphars. Dans des pots, on plante en général le grenadier, le laurier-rose, le cannelier, l'azalée et le gardénia. Dans le passé, on préférait le grenadier à cause de son fruit ayant beaucoup de graines, qui présage une progéniture abondante.

La belle-de-nuit, la balsamine, la belle-de-jour et l'haricot vert sont largement plantés dans le parterre devant le perron.

La maison à cour carrée est le mode d'habitation idéal des Chinois. Dans cette demeure fermée à l'extérieur, il y a divers bâtiments, la cour, le couloir, la salle du précepteur, le salon, le mur-écran, l'entrepôt, la cuisine, le jardin...Ce genre de maison convient parfaitement à loger une famille et reflète le mode d'habitation traditionnel des Chinois. Tous les membres de la famille sont logés dans les chambres donnant sans exception sur la cour, et partagent ensemble la joie de vivre. Au mur d'enceinte, il n'y a généralement pas de fenêtre, et la maison est ainsi à l'écart des bruits de la rue, et peut vivre dans la paix et la sécurité. Le mode de construction du *siheyuan* correspond parfaitement à l'éthique et à la structure familiale des Chinois, et reflète leur disposition d'esprit recherchant le juste milieu, l'harmonie et l'adaptabilité.

Une salle de séjour.

Si, dans la cour, vous regardez tout autour, vous vous rendrez compte que l'essence du *siheyuan* réside dans le *he* (rassemblement), le rassemblement de nombreux facteurs, matériels et spirituels, et de tous les membres d'une famille.

7 Vivre en parfaite symbiose avec la nature au Yunnan central

◇ Un habitat bas et uniforme

◇ Le foyer de l'âme

◇ Respect de la nature

Au Yunnan, Dali, Lijiang et Xishuangbanna sont parmi les lieux pittoresques inoubliables. Mais, si vous allez aux monts Ailao et dans le bassin du Honghe (Rivière rouge), au centre-sud du Yunnan, vous verrez un paysage aussi pittoresque, formé de montagnes, de sources, de champs en terrasse et de maisons. Vous serez profondément touché en constatant la vivacité et la ténacité recelées dans ce beau paysage dû en partie à la force humaine.

Comment peut-on rester insensible devant les champs en terrasses émergeant de la mer de nuages, les sentiers de montagnes et les villages en pisé disséminés dans les vallées, témoignages de l'effort herculéen d'ethnies minoritaires pour exister et vivre en harmonie avec le milieu naturel ?

Un habitat bas et uniforme

Depuis des centaines d'années, les Yi, Hani, Dai, Miao, Yao, Zhuang et Han vivent dans les montagnes moutonnantes de Ailao et sur les rives du Honghe, une région au climat doux et pluvieux, et couverte de forêt. Ils y ont construit des maisons au toit en pisé, appelées « tuzhang fang ».

Les maisons au toit de champignon des Hani.

Un hameau aux monts Ailao, dans le bassin de la rivière Honghe.

Par rapport aux habitations des Bai, à Dali, et à d'autres maisons de style plus ou moins recherché du Yunnan, les maisons au toit en pisé sont simples et économiques. Même par rapport aux maisons à cour de Jianshui, district situé dans la même région, elles sont beaucoup moins raffinées. Mais elles traduisent la franchise et la droiture des Yi et des Hani qui, devant leurs conditions naturelles et le niveau de leurs forces productives, ont su montrer une sagesse éclairée en créant et maîtrisant leur vie.

La maison au toit en pisé présente un plan rectangulaire, formé par une chambre principale et deux chambres

Un village des maisons au toit en pisé.

latérales. La chambre principale, à trois travées, a généralement un étage, et les chambres latérales sont sans étage. La structure de la maison est en bois, et les murs sont en briques d'argile. Les piliers en bois soutiennent les poutres du toit. Les solives sont couvertes de brindilles et d'aiguilles de pins, et de pisé. Le toit en pisé tassé est plat, poli, solide et imperméable. Comme les matériaux de construction sont pris sur place, et que la structure de la maison et les techniques sont simples, le coût de la maison est très bas. De plus, il est facile de l'entretenir. Dans la région des monts Ailao, 80 à 90% des maisons des minorités ethniques sont de ce type.

La terre et le bois sont pris sur place et peuvent être renouvelés facilement. Il est aisé de traiter et d'utiliser ces matériaux de construction naturels. En Chine du Nord-Ouest, au Tibet, au Moyen-Orient et en Afrique du Nord, les maisons et les agglomérations en pisé sont nombreuses. Les architectes appellent ces maisons « la construction en terre brute » dont relève la maison au toit en pisé.

L'intérieur de la maison au toit en pisé représente une structure de bois formée par les colonnes et les poutres, conformément aux besoins de la vie. La chambre à coucher, la salle de séjour et la cuisine sont au rez-de-chaussée, et l'étage sert de dépôt et de débarras. La salle de séjour, au milieu, est destiné à la réception des visiteurs, au repas et aux sacrifices. Il y a aussi une étable et un poulailler. Aux yeux des Yi et des Hani, la charpente est non seulement le support de la

Les *tuzhang fang* s'harmonisent avec l'environnement.

maison, mais aussi la base de leur existence et de leur sécurité. C'est pourquoi quand ils construisent leur maison, les Yi tiennent à choisir un jour propice pour ériger les colonnes et les poutres la nuit, et assembler la charpente le lendemain, et mettre la poutre maîtresse

L'entrée d'une maison au toit en pisé.

le surlendemain. La poutre maîtresse, à laquelle est attachée au mlieu une pièce de tissu rouge, est hissée et posée aux crépitements de pétards.

La plupart des pâtés de maisons au toit en pisé sont à flanc de montagnes. Du fait que les terrains plats y sont fort rares et que les villages sont entourés de champs en terrasses, les toits plats sont utilisés comme lieu de vie et de travail. Non seulement on y entrepose du paddy, du maïs, du sarrasin, des légumineuses, des légumes, des courges et des fruits, mais aussi des

La salle principale et les ailes d'une maison au toit en pisé.

membres de la famille y travaillent ou s'y reposent. Ce qui est plus surprenant, c'est que des échelles en bois relient les toits des maisons du village, en formant « un système de communications aériennes ». Le visiteur est souvent « tombé du ciel ». Cette créativité des villageois force notre admiration.

Comme les murs épais et le toit en pisé peuvent bien conserver la chaleur, cette sorte d'habitation est parfaitement adaptée aux conditions climatiques sèches et chaudes des vallées de cette région. Elle protège ses occupants du soleil ardent, du vent froid et de la pluie, et leur permet de passer agréablement l'hiver froid et l'été chaud. Les indigènes ont dit que la maison au toit en pisé est semblable à une bouillotte.

Vues de loin, les maisons au toit en pisé et aux murs de terre épais, sans fenêtre ou avec de petites fenêtres, donnent un horizon jaune et brun, et leur agencement révèle un charme et une esthétique intrinsèques et stables.

Le « système de communications aériennes » entre les *tuzhang fang*.

Le foyer de l'âme

Les maisons au toit en pisé sont non seulement l'habitat des villageois, mais aussi le foyer de leur âme.

De nombreux érudits sont d'avis que les maisons

Les toits des *tuzhang fang*.

au toit en pisé et les maisons au toit de champignons (Mogu fang) dans les vallées du Honghe, sont une variante modifiée des anciennes habitations troglodytiques des Yi et des Hani, descendants des Qiang transférés dans le Sud. Bien que ces relations de transmission restent à étudier en

Le multiple usage du toit.

profondeur, les maisons au toit en pisé ont des affinités intrinsèques avec les habitations troglodytiques des Qiang quant à leur morphologie et à leurs fonctions. Dans la mythologie des Yi et des Hani, on peut lire maints passages rappelant l'origine de leurs ethnies et leur déplacement. Une œuvre orale des Hani, intitulée « Hani Congpopo » (Migration des ancêtres des Hani), laisse entendre que « six mille Hani ont quitté leur pays natal pour les montagnes du Sud ». Le culte animiste, le culte des

Les murs des *tuzhang fang*.

Un village de *tuzhang fang*.

ancêtres et le culte des héros qui subsistent encore chez les Yi et les Hani sont semblables à ceux des Qiang qui avaient habité le Gansu et le Qinghai, sur le cours supérieur du Huanghe. La place centrale, le bois divin et l'entrée de leurs villages revêtent un sens symbolique prononcé. Par conséquent, on a une vague idée que les maisons au toit en pisé et leurs agglomérations reflètent la connaissance primitive de l'univers, du temps et de l'espace, qui provient de leurs ancêtres, et sont ainsi un souvenir spirituel de leurs ancêtres.

Un mythe des Hani raconte ceci : Dans l'antiquité, les Hani habitant des grottes eurent beaucoup de peine à franchir les montagnes pour labourer la terre, et plus tard ils arrivèrent à un lieu nommé « Reluo » où ils voyaient de nombreux champignons protégeant les fourmis et autres insectes contre la pluie et le vent. Ils se mirent à construire leurs maisons à l'instar de ces champignons. Ce culte animiste se manifeste également dans la disposition du village : le « Bois divin du village », habitat du Dieu protecteur, a été fixé avant la construction du village, pour que les habitants, les cultures et les animaux domestiques soient protégés. L'entrée du village, marquée par un grand arbre ou une porte faite de branches d'arbres, a pour but de barrer la route au malheur, à l'esprit du mal et aux diables. L'aire de battage (Moqiu chang) est également le lieu où tout le village participe à la cérémonie sacrificielle. Aux yeux des Hani, l'eau du puits provenant des sources de montagnes est le nectar des divinités des montagnes. Elle rend les femmes belles et les hommes robustes. On peut constater clairement que les Yi et les Hani considèrent leur village comme leur habitat, leur protecteur et leur soutien moral. Dans leur esprit, la maison et le village sont quelque chose de très beau, et cela reflète également leur aspiration à une vie meilleure.

Les maisons au toit de champignon et un sentier.

Dans les villages des maisons au toit en pisé, toutes les familles ont un âtre, qui est le centre des activités familiales et spirituelles. Le feu est entretenu tout le temps dans l'âtre au-dessus duquel est posé un réchaud pour faire la cuisine. Toute la famille prend le repas ou du thé autour de l'âtre qui, en hiver, lui permet de passer agréablement les soirées froides. Dans certaines familles, le lit des vieux parents est posé près de l'âtre, selon la tradition locale. A l'arrivée d'un visiteur, le maître de la maison l'invite à s'asseoir près de l'âtre, lui offre sa pipe à l'eau, une tasse de thé parfumé et un verre de vin de riz. Après avoir trinqué avec son hôte, le maître de la maison se met à chanter ses meilleurs vœux pour le visiteur. Par conséquent, on peut dire que l'âtre est toujours

Au village, il y a beaucoup d'étangs, couverts de verdure.

Le « Bois divin » d'un village des Hani.

un lieu de l'amitié et de la cordialité.

Une caractéristique frappante de ces villages est que toutes les maisons au toit en pisé sont de dimensions modérées, traduisant l'équilibre et l'égalité. Dans ces villages, on ne voit ni de murs hauts entourant une grande cour ni de venelle profonde cachant une résidence spacieuse. Partout, on voit un paysage aplati et dégagé et on se sent à l'aise. Cela est foncièrement différent des agglomérations d'autres ethnies où la hiérarchie se manifeste de façon frappante entre les maisons. Ce phénomène est décidé par la structure des familles et de la société des Yi et des Hani. Les Hani par exemple continuent toujours le système patrilinéaire selon lequel les fils mariés doivent fonder leur propre

Les toits de chaume, le sentier et les plantes forment un tout harmonieux.

famille, sauf le dernier né qui doit vivre avec ses parents jusqu'à leurs derniers jours. Très rare est le cas où plusieurs générations vivent sous le même toit. Ainsi dans un village Hani, les relations consanguines et la structure sociale sont complexes, mais claires, et les villageois font preuve d'une solidarité inouïe. On peut constater partout cette harmonie et cette solidarité dans les villages des maisons au toit en pisé. La coutume des Hani de prendre part ensemble à un repas étalé sur les tables carrées liées les unes aux autres en est le témoignage.

D'après le calendrier traditionnel des Hani, le premier jour du Dragon du 10e mois lunaire est le premier jour du Nouvel An. Dès le matin, tout le village organise un repas en commun au centre du village pour célébrer cette fête dans l'union et le bonheur commun. Chaque famille déplace une table carrée dans la rue en la garnissant des meilleurs mets qu'elle a préparés et présentés dans un panier de bambou, et une centaine de tables liées les unes aux autres constitue un banquet longeant la rue. Toutes les spécialités locales et tout le gibier sont là : oiseaux, poissons, pousse de bambou, champignons, fruits...Ce spectacle est inoubliable et assez éloquent pour prouver la communion humaine.

Les murs des maisons au toit en pisé sont agrémentés de petites fenêtres avec un chambranle fait de bâtons de bois solides. Quand il fait beau, des faiseaux de soleil illuminent tous les objets, et tout ce qui est dans l'ombre paraît mystérieux...

Respect de la nature

L'adaptabilité des villages Hani au milieu naturel fait que ces villages des maisons au toit en pisé sont autant de jardins très habitables. Les maisons sont construites par étages, sur le versant sud des collines, et les sources provenant des collines coulent jusqu'aux villages et à toutes les familles. Des bambous et des palmiers sont largement plantés dans les villages. Une vieille chanson des Hani dit : « Il faut planter trois rangs de palmiers devant le village, et trois rangs de bambou autour des maisons... » Les villages sont ainsi blottis dans des forêts denses. Devant les villages, les champs en terrasses s'étendent jusqu'au pied des collines. Au moment du repiquage des semis de riz, les champs en terrasses miroitent sous le soleil et constituent une scène fantastique.

Les champs en terrasses constituent un chef-d'œuvre des Hani, un peuple respectant la nature et sachant l'utiliser. Au cours des siècles, ils ont créé et accumulé une série d'expériences et de méthodes de cultiver les champs en terrasses dans les conditions très dures des régions montagneuses. Ils ont amené l'eau des sources dans ces terrasses soutenues par de petits murs. Au printemps, les champs en terrasses miroitent sous le soleil, verdissent en mars et avril, et jaunissent à la charnière de l'été et de l'automne. La récolte de riz est la récompense des Hani travailleurs octroyée par la nature.

Dans les monts Ailao, les champs en terrasses peuvent atteindre plusieurs centaines d'étages et couvrir plusieurs monts, et toucher à la mer de nuages. C'est là

Les champs en terrasses à l'aube.

un spectacle vraiment impressionnant ! Des érudits ont écrit en ces termes : « En réussissant à transformer les monts en champs en terrasses, les Hani ont pu réaliser un passage d'importance capitale : ils ont abandonné les cultures mobiles et sur brûlis, et se sont sédentarisés. Ils ont créé un nouveau mode de vie et une nouvelle notion de valeur, centrés sur la culture du riz en terrasses. » Au cours de la tournée d'enquête qu'il effectuait dans les régions montagneuses de la Chine du Sud-Ouest, le célèbre agronome de la dynastie des Ming, Xu Guangqi (1562-1633), a été très surpris et encouragé par les champs en terrasses des Hani. Il a noté cette réalisation dans son livre *Traité complet d'agriculture* (Nongzheng quanshu).

Les champs en terrasses font partie de la vie des Hani. Dans les monts Ailao, circule un proverbe : « les champs en terrasses sont la figure d'un jeune homme ». On juge la valeur d'un jeune homme par sa capacité à

Les Hani ont créé des champs en terrasses dans la profondeur des monts Ailao.

entretenir les champs en terrasses. De même, une jeune fille fait reconnaître sa beauté par sa capacité à travailler aux champs en terrasses.

La création des champs en terrasses manifeste non seulement la persévérance et l'intelligence des Hani, mais aussi leur communion d'idées et de sentiments avec la nature.

Les villages des maisons au toit en pisé, perchés au flanc des montagnes, fusionnent tout naturellement dans l'environnement écologique naturel. Le mode de vie de ces villageois consiste à s'installer à mi-hauteur des montagnes, à faire paître leur bétail en haut et à cultiver les champs en terrasses en bas. On peut en trouver de nombreuses mentions dans les vieilles chansons et les proverbes des Hani : « Notre village dort au milieu, entre le pic supérieur qui est l'oreiller, les buttes basses où reposer les pieds, et les buttes latérales où poser les mains. Avec les arbres divins couvrant les cîmes et les champs en contre-bas , nous ne manquons de rien dans notre village à flanc. » « Il fait froid au sommet où rôdent des fauves, il fait chaud et humide au pied de montagnes où sont cultivées des céréales, et le flanc de montagne, ni chaud ni froid, convient à l'installation de notre village. » « Il faut cultiver les champs au pied de la montagne, il faut enfanter à flanc de la montagne. » « Où sont les hameaux des Hani ? Sur les hautes montagnes semblables à des coursiers...Couverts par la queue du

Les villageois sont installés à mi-hauteur d'un mont, les arbres et les prés sont en contre-haut, et les champs en terrasses en contre-bas.

cheval, au pied de la montagne..... Près d'un étang, au sein de hautes montagnes. Cherchez encore les bois divins denses et les sources faisant penser aux yeux des jeunes filles... » « En haut des montagne, l'air est sain, l'eau est pure et le malheur n'arrive pas : pas d'inondation, pas de malfaiteur. Les Hani, de génération en génération, aiment établir leurs villages sur les montagnes. »

Derrière le village des Hani se trouve toujours un bois touffu, considéré par eux comme leur « Bois divin », auquel ils offrent tous les ans des sacrifices, le priant de leur apporter la paix, la bonne santé et une moisson abondante. Par conséquent, c'est leur désir spontané de protéger les arbres. Par ailleurs, les Hani savent harmoniser les rapports entre le nombre des villageois et les ressources naturelles. Leur village est généralement de plusieurs centaines de familles. Si le nombre des villageois augmentait à un certain degré, une partie des villageois partiraient ailleurs établir un autre village sur une colline, et y construiraient des champs en terrasses. Ce mode de développement des villages des Hani reflète leur manière de s'adapter à la nature.

Les villages des maisons au toit en pisé, semblables à de vastes jardins verdoyants, semblent se trouver dans un environnement réservé à des fées. Les divers groupes ethniques des monts Ailao sont dévoués corps et âme à l'immortelle nature.

8 Les tours d'argile du Fujian de l'Ouest

De nombreux citadins chinois savent que les monts Wuyi, un magnifique site touristique, se trouve dans la région montagneuse du Fujian de l'Ouest qui semble être un éden à l'écart des bruits des grandes villes et de l'ostentation de la civilisation industrielle. Mais peu d'entre eux savent que c'est le pays natal des plusieurs dizaines de millions de Hakka répartis dans le monde entier, et qu'une forme particulière d'habitations—les tours d'argile—, y est apparue il y a longtemps, grâce aux conditions historiques et géographiques originales de la région.

Dans la terminologie architecturale, les tours d'argile relèvent des constructions en terre brute. Elles ont été construites avec les murs solides en terres argileuse et sablonneuse mélangées selon un certain pourcentage et battus, et les colonnes et poutres de bois.

Dans l'ouest du Fujian, les tours d'argile sont nombreuses et de formes variées. Elles constituent un type d'habitation particulier, dont la réputation ne cesse de s'accroître depuis les années 1980. Dans la série de timbres-poste relatifs à l'habitat en Chine, émise par le ministère chinois des Postes et Télécommunications en 1986, une pièce ayant la valeur faciale d'un yuan représente la tour d'argile Chengqi, une habitation de Hakka au Fujian. (Ce timbre-poste a été choisi

Les tours d'argile entourées de collines.

La technologie de construire les murs de terre battue.

comme le Timbre-poste du Monde de l'année.) Les tours d'argile du Fujian de l'Ouest, qui ont été inconnues pendant plusieurs siècles, captent maintenant l'attention de tout le monde, des chercheurs aux touristes.

Pays ancestral des Hakka

Quand on parle des tours d'argile, on ne peut pas se passer des Hakka. Un grand nombre d'entre eux habitent dans des tours d'argile de la partie méridionale du Fujian de l'Ouest. Les nombreuses tours d'argile en bon état de conservation sont aussi dans les régions habitées par des Hakka.

Les Hakka représentent environ 6% des Han et sont différents des habitants Han du Jiangsu, du Zhejiang, et du reste du Fujian et du Guangdong. Depuis la dynastie des Jin de l'Ouest (265-316), les troubles provoqués par la guerre obligèrent des Han de la Plaine centrale de s'enfuir vers le sud. Ils parvinrent finalement aux confins des provinces du Jiangxi, du Guangdong et du Fujian, et, après une fusion prolongée avec les autochtones, formèrent une communauté des Hakka, qui signifient « les gens venus d'ailleurs ». Du fait que les régions de plaine ont déjà été occupées par d'autres Han, les Hakka devaient se contenter de s'installer dans les régions montagneuses du Jiangxi du Sud, du Fujian de l'Ouest et du Guangdong de l'Est.

Bien qu'aujourd'hui, ces régions montagneuses soient sous la juridiction de trois provinces, elles formaient auparavant une même sphère géo-culturelle des Hakka, composée de localités montagneuses et reculées. Au Fujian de l'Ouest, les Hakka sont répartis principalement dans les districts de Ninghua, Qingliu, Shanghang, Changting, Yongding, Liancheng et Wuping, dont les habitants sont uniquement Hakka, et dans les districts de Mingxi, Shunchang, Jianning, Taining, Shaowu, Guangze, Chong'an, Longyan, Nanjing, Pinghe et Zhao'an, districts habités par des Hakka et d'autres Han.

Il faut remarquer que les tours d'argile—une forme d'habitation des Hakka—, ne constituent pas l'unique forme de leurs habitations. On peut rencontrer aussi des tours d'argile dans les agglomérations habitées par des Han non Hakka du Fujian de l'Ouest et du Sud. L'érudit chinois Xie Zhongguang a indiqué que les tours d'argile étaient principalement à la lisière des zones de Hakka—les districts de Longyan, Yongding, Nanjing, Pinghe, Zhao'an, Yunxiao, Zhangpu et Hua'an, au Fujian, et les districts de Raoping et Dapu, au Guangdong du Nord-Est, notamment dans les districts de Yongding et de Nanjing, au Fujian, et une partie du Guangdong de l'Est. Dans les autres régions, les tours d'argile, surtout celles qui sont rondes, sont très rares. Ce phénomène est dû à la situation géo-culturelle de ces régions.

La distribution des Hakka au Fujian de l'Ouest.

La plupart des Hakka du Fujian de l'Ouest sont venus de la province voisine du Jiangxi. Les Hakka se sont transférés du nord au sud, et de l'ouest à l'est. C'est pourquoi la partie nord-ouest du Fujian de

Un groupe de tours d'argile.

l'Ouest, limitrophe du Jiangxi, a été le centre de la culture Hakka. Sous les Ming et les Qing, cette région était sous la juridiction de la préfecture de Tingzhou, dont le chef-lieu était Changting qui, avec Shibi, « berceau des Hakka », et Sibao, centre commercial, était dans le nord-ouest du Fujian de l'Ouest où les tours d'argile à plusieurs étages sont rares, et les habitations sont semblables aux maisons à cour de la Plaine centrale. C'est vers le sud, où jadis habitaient ensemble des Hakka et des Fulao (indigènes du Fujian constituant une branche des Han vivant dans les parties ouest et sud du Fujian), que les tours d'argile sont nombreuses. Sous les Ming et les Qing, c'était là le foyer des disputes violentes entre différents clans, et même des luttes armées. Les Hakka et les Fulao étaient donc obligés de se construire des tours d'argile afin de pouvoir mieux se défendre. Nous pouvons en déduire que les tours d'argile, ce type d'habitation et ce mode de vie particuliers dus à des conditions spéciales, constituent une partie, mais non pas l'ensemble, de la civilisation des Hakka.

Brève présentation des tours d'argile

Au Fujian de l'Ouest, la tour d'argile impressionne les gens d'abord par sa masse. Pour les autres types d'habitations, la grandeur et la splendeur des constructions se manifestent par un ensemble d'édifices particuliers. Au contraire, la tour d'argile est un seul édifice au plan généralement rond ou carré, parfois au plan ovale, polygonal ou de huit trigrammes ou de croissant de lune. En outre, un type de tours d'argile, nommé « Wufeng lou » (Pavillon à Cinq Phénix), présente verticalement plusieurs auvents superposés, et leur morphologie est fort variée. Nous en parlerons ci-après.

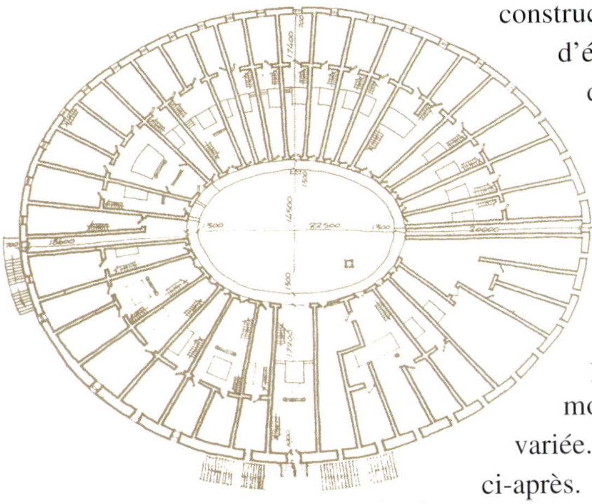

Le plan oval d'une tour d'argile.

Ce qui est intéressant, c'est que dans l'antiquité, les édifices fortement géométriques, comme le temple Parthénon de Grèce, les pyramides d'Egypte, le temple du Ciel de Chine, étaient de nature commémorative ou sacrificielle, et entouré de mystère. Les tours d'argile, qui donnent une apparence de forteresse, sont également mystérieuses et attirent les visiteurs.

Les tours d'argile sont généralement d'un à 5 étages. Le mur extérieur du rez-de-chaussée n'a généralement pas de fenêtre, et on voit, à partir du premier étage, quelques fenêtres minuscules. Leur fonction défensive est visible. En général, la cuisine et la salle à manger sont au rez-de-chaussée. Le premier étage est réservé au stockage de matériaux. Les chambres à coucher sont aux étages, à partir du deuxième. Les fondations

La partie en encorbellement sert à tirer.

du mur extérieur atteignent une épaisseur de trois mètres, et le mur, de 1,5 mètre à la base, se rétrécit vers le haut. Derrière le mur extérieur sont disposées de nombreuses pièces. Puis les couloirs, et enfin, au milieu, le temple des ancêtres, la salle du précepteur ou le tertre du théâtre. Les tours d'argile sont fermées à l'extérieur, et ouvertes à l'intérieur. En se promenant à l'intérieur d'une tour d'argile, on voit de temps à autre des sentences parallèles et des œuvres calligraphiques et picturales collées sur le mur ou à des chambranles des portes. Il convient donc de décrire les tours d'argile en ces termes : « Sous une apparence

Une tour d'argile rectangulaire.

La porte frontale de la tour « Yijing lou ».

ferme et martiale, elles présentent un intérieur plein de douceur et de sentiments humains ».

Au Fujian de l'Ouest, la grande majorité des tours d'argile sont carrées, rondes ou à auvents superposées.

Les tours carrées, rectangulaires ou en forme de 目 sont largement répandues dans le district de Yongding. La tour nommée « Yijing lou », dans le bourg de Gaopi, Yongding, est la plus grande tour d'argile carrée. Construite à partir de 1851, sous les Qing, elle fut réalisée en 70 ans, grâce à l'effort de trois générations, sur une surface rectangulaire de 4 000 mètres carrés. Elle mesure 136 mètres de l'est à l'ouest, et 76 mètres du nord au sud. Dans le mur extérieur, ont été pratiquées une porte principale et deux portes latérales. Son plan général ressemble au caractère chinois 回 : la partic arrière du nord, avec 4

La cour intérieure de la tour « Yijing lou ».

étages, les parties avant et latérales, avec 3 étages, entourent le temple des ancêtres. Les dépendances de la partie avant constituent l'école.

Les tours d'argile rondes qui sont restées dans l'anonymat pendant plusieurs siècles jouissent maintenant d'une large réputation. Leur plan de construction présente généralement plusieurs cercles concentriques, et parfois un cercle unique ou un cercle entourant un carré. La hauteur de la tour décline vers le centre, où se trouve le temple des ancêtres, lieu de cérémonies de mariage, de furérailles et de célébration d'autres événements heureux de tout le clan. Selon une

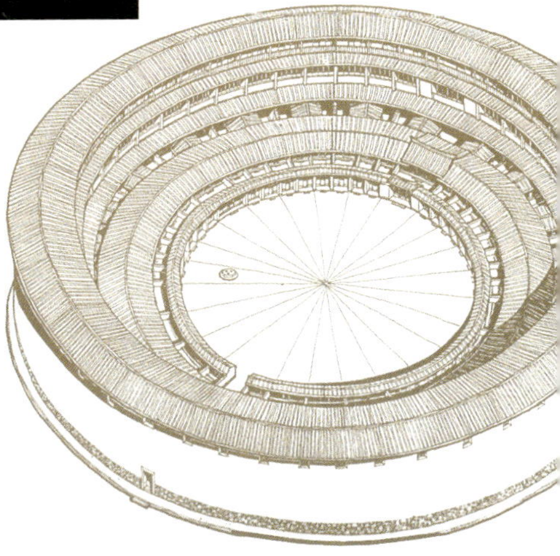

La structure typique d'une tour d'argile à plusieurs cercles.

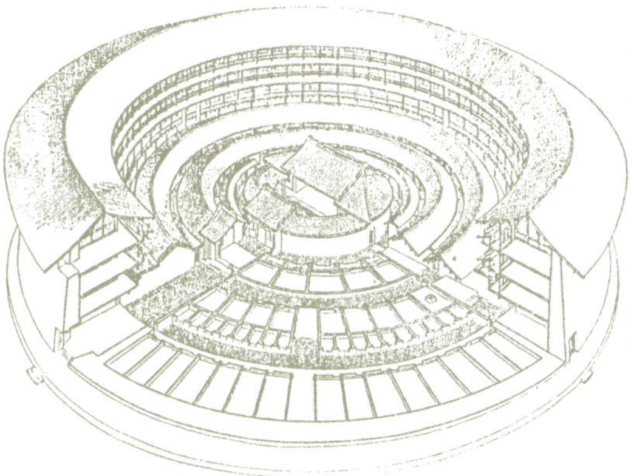

La coupe perpendiculaire d'une tour d'argile ronde à plusieurs cercles.

statistique, il y a dans le district de Yongding 360 tours d'argile rondes, parmi lesquelles le « Chengqi lou » est la plus ancienne et a les plus nombreux cercles, le « Shengyuan lou » a le plus grand diamètre et le « Rusheng lou », le plus petit diamètre.

La tour « Chengqi lou » date de longtemps.

Le « Chengqi lou », de 73 m de diamètre et de 229,34 m de pourtour, se trouve dans le canton de Gaotou, Yongding. Ses 400 pièces abritent 60 familles et 400 personnes. En 1981, il a été inséré dans le Dictionnaire des curiosités de Chine, sous le nom de « Roi des tours d'argile ». Le premier cercle ou le cercle extérieur a trois étages qui ont chacun 72

La tour d'argile « Wufeng lou ».

pièces. Le rez-de-chaussée et l'étage du deuxième cercle comprennent respectivement 40 pièces, et le troisième cercle, sans étage, a 32 pièces. Toutes ces pièces entourent le temple des ancêtres, situé au centre.

« Wufeng lou » est un type un peu particulier des tours d'argile. Pourquoi cette appellation ? Il en existe plusieurs explications : « Wufeng » désignent cinq oiseaux de couleurs différentes, symbolisant l'est, le sud, l'ouest, le nord et le centre. D'autres affirment que parce que le « Wufeng lou », généralement à cinq niveaux d'auvents, ressemble à cinq phénix en vol. De toute façon, parmi les tours d'argile, le « Wufeng lou » est le type qui ressemble le plus à l'habitation à cour de la Plaine centrale. Situé au cœur de la culture Hakka, il est le reflet de l'influence des rites de la Plaine centrale et une variante des habitations à cour au Fujian. Morphologiquement, le « Wufeng lou » ressemble à la porte du Méridien (Wumen) du Palais impérial de

Les toits d'une tour « Wufeng lou » évoquent des phénix en vol.

Pékin, et Wumen est appelé par les vieux Pékinois « Wufeng lou ».

Sur le plan architectural, le « Wufeng lou » est composé, sur l'axe nord-sud, des salles inférieure, médiane et principale, et de deux salles latérales rectangulaires. Ce plan de construction est largement utilisé dans la Plaine centrale. La différence est qu'au Fujian, le « Wufeng lou » est bâti généralement sur une pente de colline descendant vers le sud. Ainsi la tour d'argile descend du nord au sud et donne une allure imposante. Du fait que l'entrée du « Wufeng lou » porte généralement une

La tour d'argile « Fuyu lou ».

tablette avec l'inscription signifiant « Résidence du Haut Fonctionnaire », il était appelé aussi la tour d'argile de type de l'« Escalier du Haut Fonctionnaire ». Cette tablette sert non seulement à rehausser la position du propriétaire, mais aussi à exprimer son vœu de voir ses descendants monter en grades et devenir de hauts fonctionnaires.

Dans le village de Hongkeng, au bourg de Hukeng, Yongding, le « Fuyu lou » (pavillon du Bonheur et de l'Abondance) est une tour d'argile typique de « Wufeng lou », construit par les trois frères de la famille Lin, dès 1880, sur une superficie de 7 000 mètres carrés. Le bâtiment principal, relevé de plus en plus vers l'arrière, et les salles latérales, forment un ensemble monolithique. Devant l'édifice, il y a trois portes. Les perrons des portes et les murs d'enceinte ont été constitués de galets et ouvragés avec finesse. Cette tour d'argile ressemble à trois buttes, évoquant les trois frères propriétaires, et fusionne parfaitement dans l'environnement.

Parmi d'autres formes de tours d'argile, comme celles en forme ovale, en forme de croissant, en forme de huit trigammes ou au plan polygonal, il convient de noter en tout particulier « la tour d'argile en forme de huit trigrammes ». Au Fujian de l'Ouest, le choix de l'emplacement des tours d'argile et l'exorcisation avaient besoin de huit trigrammes, signes riches en sens de la culture traditionnelle chinoise. Certaines tours d'argile ont été construites en utilisant directement le plan des huit trigrammes, comme le « Daoyun lou », dans le village de Nanlin, canton de Sanrao, district de Raoping, dans la province du Guangdong. Certaines tours d'argile rondes, comme le « Zhencheng lou », dans le village de Hongkeng, bourg de Hukeng, district de Yongding, ont un intérieur disposé selon le concept des huit trigrammes.

Construite en 1912 par le clan des Lin, la tour d'argile Zhencheng occupe 5 000 mètres carrés et a deux cercles. Le cercle extérieur, à 3 étages, est divisé en huit parties, selon les huit trigrammes, et chaque trigramme comprend six pièces et un escalier. Tous les trigrammes sont séparés par un mur coupe-feu, et sont reliés par une porte voûtée. Une telle disposition est fort efficace pour éviter l'extension de l'incendie et empêcher le vol. Le cercle intérieur, à un étage, s'est inspiré du style architectural occidental, en utilisant par exemple des balustrades forgées, des colonnes et poutres en pierre, des balustrades surmontées de vases et le chapiteau. L'adoption de l'architecture occidentale est due au fait que les Lin, anciens commerçants, avaient eu de nombreux contacts avec la culture occidentale. Dans la tour d'argile, la disposition d'une salle, de deux puits (signifiant le *yang* et le *yin* dans les huit trigrammes), de trois portes (symbolisant le ciel, la terre et l'homme des huit trigrammes) et de huit unités (huit trigrammes) reflète l'idée directrice des constructeurs. En 1995, la maquette de cette tour d'argile a été présentée au Salon mondial de l'Architecture, à Los Angeles, et a suscité une vive réaction. Elle a été citée comme « la perle de l'architecture orientale ».

Le Hall de la tour d'argile « Zhencheng lou », qui présente un style architectural chinois et occidental.

A la recherche de l'origine des tours d'argile

L'idée nous vient de nous demander quelle est l'origine de ces tours d'argile et comment sont-elles devenues les formes actuelles ? Les spécialistes ont exprimé là-dessus des opinions différentes, dont nous présentons l'essentiel :

D'abord, les tours d'argile sont caractérisées par la cohabition d'un clan entier, ce qui est identique au mode de vie traditionnel des Han de la Plaine centrale. Dans une tour d'argile, qui peut être comparée à une mini-société, le patriarche du clan est au sommet de la hiérarchie, et son plan symétrique reflète les idées claniques traditionnelles de la Chine et facilite la gestion et le contrôle de la demeure clanique. Sur le plan architectural, les tours d'argile ont recouru, sur une large échelle, aux techniques de terres battues, sans s'écarter de la structure en bois de la Plaine centrale. On peut dire que les tours d'argile constituent une branche de l'architecture chinoise.

Le système de structure en bois d'une tour d'argile.

Au cours de leur longue migration, les Hakka subirent l'influence des autochtones sur le plan linguistique, vestimentaire et coutumier, et apportèrent des changements à leur culture orthodoxe provenant de la Plaine centrale. De plus, situés loin du pouvoir central, les Hakka se penchaient de plus en plus vers une administration autonome, à l'instar des groupes ethniques minoritaires. Bien que les Hakka se déclarassent « descendants des Han », les dominateurs du pouvoir central ne les différencièrent pas des ethnies minoritaires, et les traitaient comme les « barbares du sud » en les opprimant sur le plan politique, leur lançant des expéditions militaires et exerçant sur eux une discrimination culturelle. Dans ces conditions, les Hakka se mirent sur leurs gardes et furent obligés de se loger dans les tours d'argile pour s'assurer la sécurité devant les conflits incessants entre divers clans et la faiblesse des pouvoirs locaux.

Un village ancien de montagne à Zhangzhou.

Quant à l'apparition des tours d'argile rondes, le spécialiste Huang Hanmin est d'avis qu'elles étaient originaires de la région de Zhangzhou, au Fujian du Sud, proche des régions habitées par les Hakka. Dans l'histoire, les hostilités incessantes dans la région de Zhangzhou firent apparaître, sur des

La tour d'argile « Jinjiang lou » à Zhangzhou ressemble à une forteresse.

cimes, de nombreux remparts et forteresses. Ayant appris les méthodes de construction de ces remparts ronds, les Hakka construisirent de nombreuses tours d'argile rondes. Dans leur migration vers l'est, les Hakka, qui habitaient d'abord dans les « Wufeng lou », ont dû déménager dans les tours d'argile carrées, puis rondes, qui pouvaient leur procurer une sécurité plus forte.

D'autres érudits se sont prononcés pour l'origine culturelle des tours d'argile rondes. Ils sont d'avis que les artisans ont appliqué les huit trigrammes et le tableau du Faîte suprême (Tai'ji tu) à la construction des tours d'argile afin de solliciter au Ciel la paix, la bonne chance et la fortune. La tour d'argile Zhencheng, mentionné plus haut, en est un exemple. Le concept cosmogonique des Chinois anciens selon lequel le ciel est rond et la terre carrée a aussi été un facteur déterminant dans la construction des tours d'argile rondes. Enfin, en y habitant, les membres du clan étaient mus par un esprit concentrique de solidarité et étaient plus confiants de leur capacité à résister à l'agression éventuelle.

Communion d'idées et de sentiments

Un autre trait marquant des tours d'argile est que celles-ci accordent parfaitement avec leur environnement et qu'une grande cordialité y règne. On constate chez les habitants des tours d'argile une communion d'idées et de sentiments héritant de la société agricole traditionnelle de Chine où régnaient les relations humaines cordiales entre les membres du même clan, les relations consanguines basées sur l'identité de la culture et de l'instruction, le bon voisinage et le sens esthétique mettant l'accent sur l'harmonie, la stabilité et les rites. Les propriétaires des tours d'argile observent le principe de respecter la nature, de maintenir l'équilibre écologique de leur région, de faire un usage économe des terres et de protéger les arbres.

Dans les tours d'argile, la disposition intérieure est semblable à celle des dortoirs actuels, mais la fraternité des habitants des tours d'argile, orginaires d'un même clan, est absente dans les dortoirs. Leur solidarité et leur mode de vie simple sont touchantes. Les Hakka conservent leur belle tradition de prêter une haute attention à l'éducation et à la culture. En sont témoins les innombrables temples des ancêtres, salles de lecture, tablettes portant des inscriptions, des œuvres calligraphiques et picturales. Prenons pour exemple la tour d'argile Zhencheng (Travailler et réussir). Dans cet édifice combinant le concept des huit trigrammes et le style architectural occidental, règne une ambiance du livre. Les colonnes portent des sentences parallèles comme celles-ci : « Il n'y a pas de moment libre pour quelqu'un décidé à réussir. Il doit travailler d'arrache-pied toute sa vie, de son enfance à sa vieillesse. » « Il n'est pas facile à quelqu'un de se faire un nom. Il doit suivre de près les affaires de sa famille, de son Etat et du monde entier. » On y voit encore des tablettes horizontales portant inscrits par exemple les caractères « Yi sheng zai dao » (La voix de la justice est le véhicule du *dao* (la voie ou les principes), écrits par Li Yuanhong (1864-1928), président du gouvernement des seigneurs de la guerre Beiyang, au début de la République de Chine.

Toute la famille vit ensemble dans la tour d'argile.

La tour d'argile « Xianxiang lou », située dans le canton de Xinnan, abritait aussi le clan bien instruit des Su. Cette tour d'argile ronde à 3 étages et 136 pièces a été bâtie selon le concept des huit trigrammes. Plusieurs licenciés (*Xiucai*) et docteurs (*Juren*) sont sortis de cette grande famille consacrée à l'agriculture, sans négliger de donner un excellent enseignement à ses enfants. Sur la porte d'entrée, ont été inscrits en haut « Résidence du haut fonctionnaire ». Les sentences parallèles

Le microclimat est agréable dans la tour d'argile.

collées à gauche et à droite signifient : « Les vertus accumulées de père à fils assurent la prospérité de la famille ; Les livres transmis de génération en génération développent la sagesse ancienne. » L'inscription horizontale est : « Retransmission de la poésie et des rites ». Les tours d'argile « Ruiyun lou », dans le bourg de Shizhong, et « Huaiyuan lou », dans le canton de Meilin, district de Nanjing, et encore d'autres laissent voir qu'elles sont attachées aux rites et à la formation culturelle, et que leurs habitants vivent en harmonie.

La tour « Huaiyuan lou » au district de Nanjing.

Sur le plan écologique, les tours d'argile du Fujian de l'Ouest ont empiété sur la nature dans une mesure très faible, parce qu'elles n'occupaient pas de champs et n'avaient pas besoin de briques. Ces constructions de terres brutes proviennent de la nature et y reviennent. Leurs murs épais, de forte résistance thermique, peuvent conserver davantage de chaleur. C'est pourquoi dans les tours d'argile on a l'impression de vivre toujours au printemps, que ce soit en été ou en hiver. Le plan circulaire des tours d'argile peut faire l'appel d'air, et, avec l'agencement approprié de couloirs, de portes et de fenêtres, créent un micro-climat propice à la vie. Les indigènes ont dit de ces tours d'argile qu' « elles peuvent résister à l'incendie, au bombardement, à l'attaque de fauves et au séisme ». Il est vrai que les tours d'argile traduisent la rationalité scientifique et manifestent une notion primitive de l'écologie. Nous ne pouvons pas nous empêcher d'admirer la sagesse, l'assiduité et l'esprit créateur de nos anciens du Fujian de l'Ouest qui ont bâti, dans les conditions d'existence difficiles, ces tours d'argile où règne la communion de sentiments et d'idées.

A nos jours, n'avons-nous pas appris quelque chose en constatant cette harmonie intérieure des tours d'argile et leur adaptabilité parfaite à l'environnement ?

9 Les maisons fortifiées du pays des neiges

- ◇ Une longue histoire
- ◇ De nombreux types de maisons
- ◇ Vivre avec son Dieu protecteur
- ◇ Adaptation aux conditions naturelles
- ◇ Un tableau élégant et majestueux de la vie

« Xizang » (Tibet) est un terme datant du début de la dynastie des Qing. Depuis l'antiquité, les Tibétains appelaient eux-mêmes le Tibet « Bo », et que les nations étrangères appelaient « Tubo ». Le terme du Tibet provient de l'appellation des Tibétains par les turques et les mongols. Sous les Yuan (1279-1368), les Arabes ont transmis cette appellation en Occident. Le Tibet désigne donc la population tibétaine, ou, géographiquement, le Tibet et l'ensemble des régions habitées par les Tibétains. Le Tibet, ce pays des neiges, présente un paysage naturel grandiose et mystérieux, avec ses chaînes de montagnes enneigées sous un ciel d'azur, une culture attirante et des monuments historiques originaux.

Il y a 30 millions d'années, de violents mouvements de l'écorce terrestre firent retirer la mer et élever le plateau du Tibet, de 1,2 million de km^2 de superficie et ayant une altitude moyenne supérieure à 4 000 m. Le Tibet constitue le palier le plus élevé du territoire chinois et est surnommé le « toit du monde ». Dans l'Himalaya, à la frontière du Tibet, 11 cimes dépassent l'altitude de 8 000 m, dont le mont Qomolangma, de 8 848 m d'altitude, est le plus haut sommet du monde et est appelé le « troisième pôle de notre globe ». Sur le plan climatique, il y a la zone froide, la zone froide tempérée, la zone tempérée, la zone tempérée chaude, la zone subtropicale et la zone tropicale des montagnes.

Les conditions géographiques et climatiques variées du Tibet et la civilisation tibétaine

La vallée de la rivière Lhasa.

originale ont donné le jour à des habitations grandioses.

Une longue histoire

L'homme vit déjà sur le plateau du Tibet il y a dix mille ans. Les fouilles archéologiques effectuées à Lhasa, Dingri, Nyingchi et Nagqu ont mis au jour des objets en pierre, en os et en poterie du paléolithique et du néolithique datant de 4 000 ans. On y a découvert des habitations troglodytiques ou semi-troglodytiques, et des agglomérations primitives, datant de 4 000 à 5 000 ans. Au cours des fouilles effectuées en 1975 au site de Karub, près de Qamdo, les archéologues ont

La vallée de la rivière Niyang.

Le mont Qomolangma vu du temple Rongbu.

découvert, sur une superficie de 10 000 mètres carrés, 31 maisons aux murs en pisé ou aux murs en pierre et une habitation semi-troglodytique à deux niveaux. Dans ces habitations, on a trouvé des âtres et des fourneaux de cuisine. Ce sont là les habitations de la première heure du Tibet.

Depuis l'antiquité, les Tibétains, Menba, Luoba, Han et Hui habitent au plateau du Tibet. Les Tibétains représentent 94,7% de la population totale. Dans la mythologie et les légendes du Tibet, les Tibétains sont représentés comme les descendants de l'alliance du « Singe divin » et de la « Fille diabolique du Roc », sur le mandat du

Ciel. Les ancêtres des Tibétains étaient divisés en six tribus vivant principalement de la chasse et de la cueillette, dans la vallée de Yarlung, sur la rive sud du Yarlung Zangbo. Au IIIe siècle avant Jésus-Christ, les six tribus furent unifiées pour créer le royaume des Bo, et le premier Palais en pierre du Tibet, Yongbu Lakang, fit alors son apparition. Au début du VIIe siècle, Songzan Gambo transféra la capitale à Lhasa, unifia le plateau du Tibet et institua la puissante monarchie des Tubo. La création de l'écriture tibétaine, l'unification des poids et mesures, l'introduction des cultures extérieures permirent de créer une civilisation tibétaine originale, dans les domaines de la philosophie, de l'histoire, de la littérature, de l'architecture et des arts.

Une scène de danse.

Les Menba, l'un des groupes ethniques minoritaires du Tibet, doivent leur nom au fait qu'ils habitent dans la région de Menyu, au sud-est de l'Himalaya, où l'altitude descend de 4 000 mètres à 1 000 mètres vers le sud. En tibétain, « menba » signifie « les terres basses ». Les Menba ont leur langue parlée, mais pas d'écriture. Ils sont forts en chants et danses, et ont créé une littérature et un théâtre oraux riches. C'est là qu'est né le 6e Dalaï Lama, Changyang Gyaco, poète des chansons d'amour. Au XVIIe siècle, sous le règne du 5e Dalaï Lama, une partie des Menba quittèrent la région de Menyu pour Baimagang, district de Medo, à l'est. Désormais, les Menba habitent dans deux régions, l'une à l'ouest et l'autre à l'est, et leurs habitations sont plus ou moins différentes.

Les Luoba sont composés de 30 tribus et leur habitat principal est au sud du grand virage du fleuve Yarlung Zangbo. En tibétain, « Luoba » signifient « habitants du sud ». Les Luoba ont leur langue parlée, mais pas d'écriture, et vivent de la chasse, de la cueillette et de la culture sur brûlis. Des légendes racontent que les ancêtres des Luoba vivaient dans des grottes ou sur des arbres. L'isolement des Luoba par de hautes montagnes a beaucoup retardé leur évolution sociale, de sorte qu'avant les réformes démocratiques en 1959, les Luoba étaient à l'étape patrilinéaire de la société primitive. Vivant par clan ou famille, les Luoba ont des habitations originales.

Les cultures plus ou moins différentes des Tibétains, des Menba et des Luoba relèvent d'un même type de culture comprenant des légendes sur la transformation du singe en l'homme, et sur le fait qu'ils ont un même ancêtre et sont frères. Du fait que ces trois groupes ethniques ont un même arrière-fond culturel et procèdent à de fréquents échanges, ils montrent une similitude architecturale dans la construction de leurs maisons, à savoir qu'ils cherchent à s'adapter aux conditions géographiques et climatiques de leur région et à traduire le respect de leur croyance religieuse, de leurs traditions culturelles et de leur mode de vie.

De nombreux types de maisons

Sur le vaste plateau du Tibet, la grande différence des conditions géographiques, climatiques, des ressources et du mode de vie a entraîné une diversité des habitations : maisons fortifiées, tentes en draps de poils bovins, maisons au toit en pisé, maisons en bois ou en bambou et maisons troglodytiques. Quant à la forme des habitations, il y a des maisons au toit plat, au toit en pentes et au toit mixte. Dans les steppes du Tibet septentrional, les bergers vivent sous les tentes de draps de poils de yack. A Lhasa, Xigaze et dans les bourgs environnants, les maisons sont de type de forts en pierre. Dans les régions forestières du bassin du Yarlung Zangbo, dans le sud-est du Tibet, les habitations sont de structure de bois. Dans la région de Ngari, dans l'ouest, les habitants vivent dans des

Une maison fortifiée en pierre.

La maison fortifiée d'un noble.

maisons troglodytiques. Ces divers types d'habitations manifestent des caractéristiques ethniques et régionales, et une communauté intrinsèque sur les plans morphologique, écologique et sentimental.

Dans les régions pastorales du Tibet du Nord, les bergères filaient des poils de yack avec lesquels elles tissaient de grosses étoffes. En cousant les pièces d'étoffe, elles fabriquaient les tentes abritant leurs familles. La tente est tendue sur des supports de bois, hauts de deux mètres, de plan carré ou rectangulaire, et attachée par des cordes de laine. A l'arête de la tente, une fente large de 15 cm et longue de 1,5 m permet de capter le soleil, d'aérer et d'évacuer la fumée. De petits crochets sont cousus sur les deux bords de la fente afin de pouvoir fermer ou d'ouvrir la fente. L'intérieur de la tente est soutenu par un muret de briques en pisé, haut de 40 à 50 cm, destiné à l'entreposage d'orges, de sacs de beurre et de bouse séchée. La porte de la tente est fermée ou ouverte par des rideaux. Près de la porte, un wok installé sur plusieurs pierres permet de faire la cuisine. Après le foyer est installé le portrait du Bouddha. Ces tentes de laines grossières et épaisses sont solides, de fabrication simple, et peuvent être montées et démontées facilement, et conviennent à la vie nomade.

La maison fortifiée avec une cour.

La maison fortifiée est une habitation assez commune au Tibet. Son appellation vient de sa ressemblance à un fortin. En général, ce type de maison est d'un à deux étages, aux murs extérieurs de pierre. Les maisons fortifiées des nobles, propriétaires de domaines ou de riches marchands sont de

La maison sans étage, avec une cour.

deux à quatre étages. La maison fortifiée est généralement composée d'une grande pièce et de deux petites pièces carrées, relativement basses. Ces pièces de hauteur différente donnent une forme géométrique agréable. Chacune d'elles, aux murs de terres et de pierres, est bâtie autour d'une seule colonne de bois, et le plancher est également de bois. Les murs en pisé sont épais de 40 à 50 cm, et les murs de pierres, de 50 à 80 cm. Les murs intérieurs sont d'aplomb et les murs extérieurs se rétrécissent graduellement vers le haut. Le rez-de-chaussée sert d'étable ou d'entrepôt, et les 1er et 2e étages sont habités. Le balcon et les toilettes du 1er étage sont en encorbellement, et les côtés ensoleillés ont de grandes fenêtres ou des portes-fenêtres, exposées à la cour centrale. Sur les murs extérieurs sont pratiquées de petites fenêtres et une porte étroite afin de mieux se prémunir du vent froid. Le toit, de terre battue, est plat et sert de terrasse de séchage.

La maison fortifiée, avec une cour intérieure arrosée par un puits et plantée d'arbres et de fleurs, a des murs épais capables de résister à une attaque éventuelle. Les grandes maisons fortifiées ont de nombreuses pièces et de petites cours intérieures pour s'éclairer. Une tour, haute de 20 à 30 mètres, est destinée à garder des biens précieux, à observer l'extérieur et à se défendre. La morphologie des maisons fortifiées varie d'une zone à l'autre. A Lhasa, les habitations sont généralement d'un à deux étages, ont une cour intérieure surplombée par une galerie. Il y a aussi des maisons sans étage, avec une cour. Dans la préfecture de Shannan, les habitants aiment la vie en plein air, et leurs maisons ont généralement des galeries ouvertes.

Les habitations présentent des formes fort variées dans la région forestière du sud-est, habitée par plusieurs minorités ethniques. Comme les pluies y sont relativement abondantes, les maisons sont généralement indépendantes ou avec une cour intérieure, bâties sur un plan carré ou rectangulaire, au toit en double pente et à deux étages. Le bétail est élevé dans le rez-de-chaussée bas, le premier étage est le principal espace habitable, composé de la salle de séjour (cuisine comprise), de l'entrepôt, de la galerie extérieure et du cabinet de toilette. Des planches séparent la salle de séjour en parties intérieure et extérieure. Dans la partie extérieure, près de la fenêtre, est installé un âtre entouré de lits et d'autres meubles. Le 2e étage, sous le toit en pentes, est réservé à l'entreposage de bois de chauffage, de foin et d'objets divers. La maison est en charpente de bois, et les murs utilisent des cailloux, des débris de roches, des galets, des terres, des planches de bois, du bambou ou des osiers comme matériaux. Les poutres et les chevrons en bois sont posés sur les pignons pour former le toit, couvert de planches de bois ou de schiste.

La forêt dense du Tibet du Sud-Est dissimule les maisons à étage en bois des Menba et les maisons en bois ou en bambou des Luoba. Les maisons des Menba sont bâties sur plusieurs troncs d'arbre enfoncés dans une terrasse de vallée. La partie basse de la maison, de 1,5 à 2 mètres de haut, est ouverte et sert à retenir les bestiaux. La partie supérieure est occupée au milieu par la chambre à coucher, et les deux salles latérales servant d'entrepôt. Un vestibule relie la chambre à coucher à la galerie extérieure à laquelle est attaché un escalier en bois. Les maisons des Menba, généralement indépendantes, n'ont pas de mur d'enceinte. Dans le district de Cona, les villages des Menba sont formés par les maisons en pierres indépendantes, et dans le district de Medo, ils sont généralement composés des maisons en bois indépendantes.

Les Luoba sont logés dans deux sortes de maisons en bois traditionnelles : la maison longue et la petite maison carrée. En tant que survivance de la société tribale primitive, la maison longue mesure plusieurs dizaines de mètres et abritent les femmes ou les hommes. Celle des femmes est bâtie généralement à la lisière du village, et est divisée en une bonne dizaine ou plusieurs dizaines de pièces par des nattes de bambou ou des planches de bois. Celle des hommes est construite généralement au centre du village qui, sans être divisée, sert également de salle de réunion du village. Les petites maisons carrées ou rectangulaires sont les logis des familles, et ont généralement des dépôts aux environs. Les murs de ces maisons longues ou carrées sont faits de troncs

Une habitation à Gongbu, au Tibet du Sud-Est.

Une maison en bois au Tibet du Sud-Est.

d'arbre entassés l'un sur l'autre et n'ont pas de fenêtre, de crainte de laisser entrer des diables, dit une légende. La maison est basée sur plusieurs colonnes de bois, et le toit est fait de planches de bois ou de feuilles de palmiers.

Les maisons en bambou des Luoba sont de plan rectangulaire et mesurent généralement 9 m sur 6 m. Il y a une porte d'entrée et en face une fenêtre pour faire aérer l'air. La maison repose sur un fondement de pierre, sur lequel sont posés, à l'intervalle de deux mètres, des piliers de bois entre lesquels sont tendues des nattes de bambou à l'intérieur et à l'extérieur. Le toit est aussi fait de double natte de bambou. Sauf le plancher de bois, les piliers, la porte et la fenêtre, toute la maison est en bambou. Devant ou derrière la maison se trouve un grenier à pilotis.

A Ngari, partie occidentale du Tibet, les habitations sont généralement des maisons à étage indépendantes, en structure de terre et de bois, dans les vallées et les plaines. Les résidents passent l'été à l'étage et l'hiver au rez-de-chaussée. Aux flancs des montagnes, les habitations sont constituées d'une pièce antérieure et d'une grotte postérieure. Les grottes sont généralement de plan carré, et parfois de plan rond ou rectangulaire, avec une hauteur de 2 à 2,2 m. L'habitation troglodytique est un type de maison très rare au Tibet.

Les villas et les domaines des nobles constituaient un type spécial des habitations du Tibet. En forme de 回, la villa était composée du pavillon principal à deux étages, de la cour antérieure avec un bâtiment à un étage et d'une cour intérieure au milieu. Au nord de la cour antérieure se trouvait le pavillon principal, installé au sud des grandes portes-fenêtres. Les pièces étaient bien éclairées.

La villa d'été du Dalaï Lama à Norbu Lingka.

Dans la villa, il y avait la chambre à coucher, la salle de séjour, la salle de Bouddha, la salle de lecture de soûtras, la pièce des domestiques et l'entrepôt. L'économie des domaines et le système de donation firent apparaître des résidences seigneuriales, dont les plus connues étaient Langshelin, Jiamachikang et Zhuangzi. Dans la résidence seigneuriale, il y avait un édifice principal somptueux, généralement de 4 étages, un jardin et des ouvrages défensifs comme murs d'enceinte et fossé. Il y avait aussi une prison pour détenir serfs et serves.

Ces divers types d'habitations au Tibet ne sont pas immuables. A la suite de l'accroissement des contacts entre divers groupes ethniques et de leur influence réciproque, les divers types d'habitations ont subi aussi la fusion et la transformation. La brillante civilisation des Tibétains a enrichi la culture des régions voisines, et l'habitat au Tibet a également influencé ls style architectural des habitations des Tibétains au Yunnan, au Qinghai et au Sichuan.

Nagabawa est le mont divin des Tibétains.

Des maisons de Tibétains dans la province du Yunnan.

Vivre avec son Dieu protecteur

Au Tibet, tous les groupes ethniques ont leur croyance religieuse. Il y a la religion Bon, originelle du Tibet, et le bouddhisme tibétain et ses différentes sectes : Gelugpa, Sakyapa, Nyingmapa et Kagyupa.

La religion Bon croit que tous les êtres ont leur âme. Les ancêtres des Tibétains pratiquent le culte de la nature, des totems, des divinités et des esprits, croient en sorcellerie, et font des monts, des rivières, des forêts, des oiseaux, des fauves et des phénomènes naturels les objets de leur culte religieux. Un mythe des Tibétains, intitulé : « Chant de la genèse du monde », porte de nombreux passages relatifs à la formation du ciel, de la terre, du soleil, de la lune, des montagnes et des cours d'eau, comme ceux-ci : « Le rock a élevé le ciel très haut », « la tortue gigantesque a séparé les

Un roc, avec *hada*.

milieux du *Yang* et du *Yin* ». La légende sur l'origine des Tibétains montre que dans la vallée de Yarlung, vivaient deux tribus prenant respectivement le macaque et l'esprit du roc comme totem. Le tour du Mont Divin, l'entassement des pierres *mani*, le chant sacrificiel *Siba,* le théâtre tibétain avec masques étaient les cérémonies et les activités sacrificielles de la religion Bon, et les légendes relatives au Mont divin, à la Rivière divine et au Roc divin sont aussi dérivées de la religion Bon.

Au milieu du VIIe siècle, le bouddhisme pénétra au Tibet, en provenance de la Plaine centrale et de l'Inde. Il se heurta à la résistance farouche de la religion Bon, et cette lutte dura trois siècles et donna finalement la naissance au bouddhisme tibétain, résultat de l'assimilation de certaines croyances et cérémonies de la religion Bon par le bouddhisme et de l'assimilation de la doctrine du bouddhisme par la religion Bon. Par rapport au bouddhisme pratiqué dans d'autres régions de la Chine, le bouddhisme tibétain présente un net caractère régional et ethnique. La différence de l'interprétation de la doctrine bouddhique et des méthodes de la méditation fit naître plusieurs sectes du bouddhisme tibétain, en vogue à différents endroits. Les chefs religieux exerçaient aussi l'administration sur le Tibet. Du fait que la religion Bon domina pendant longtemps l'esprit et les coutumes de la population, le bouddhisme tibétain est teinté du culte de la nature.

Dans les habitations et les agglomérations, on voit partout des signes de la solide croyance religieuse : des pagodes bouddhiques à l'entrée et au centre des villages; des signes décoratifs du bouddhisme sur l'extérieur des habitations ; et une salle du culte du Bouddha au centre des maisons. Au Tibet, les considérations religieuses sont partout présentes dans le choix de l'emplacement des agglomérations, leur aménagement, la décoration intérieure et la cérémonie de l'ouverture des travaux. Les habitations y sont destinées aussi bien à l'homme qu'aux divinités.

Dans la salle de séjour, la place la plus importante, exposé au soleil, est réservée à la statue de Bouddha, entourée de *tangka* représentant des histoires bouddhiques ou expliquant la doctrine religieuse, de l'encensoir et d'autres instruments de la loi. Les chapiteaux, les poutrelles, les murs, les foyers et les meubles sont décorés de motifs de thèmes religieux. Les

La maison et les bannières de prières.

Le *tangka*, peinture des Tibétains.

Le poisson rouge est l'un des huit trésors des Tibétains.

articles d'usage courant comme coussins, tasses ou verres sont également ornés de motifs religieux. Les huit trésors des Tibétains : parapluie, poisson rouge, bouteille, fleur de lotus, coquillage, nœud de bon augure, fanion de triomphe, roue et la croix gammée sont les motifs les plus usuels. Le motif de mandala qui symbolise l'ordre cosmogonique est souvent gravé sur les plaques de bois, de pierre ou métalliques, accrochées aux murs de la maison.

Des cornes de bœuf, des motifs religieux et des miroirs sont accrochés comme ornements aux façades des habitations, aux cours ou au-dessus du linteau de la porte revêtent un sens totémique, dans le but de faire fuir le mal et d'accueillir le bonheur. L'installation des bannières portant des mots de soûtra aux quatre angles de la maison ou au faîtage, ou la pose des pierres blanches gravées de statues bouddhiques en bas-relief ou des paroles véritables en six caractères sur les appuis des fenêtres ou aux coins de la maison ou de la cour, reflètent la dévotion des Tibétains, car ils croient que sous la caresse du vent, ces objets sacrés peuvent aussi réciter le soûtra. Dans la croyance religieuse des Tibétains, les couleurs revêtent aussi un sens religieux : le rouge représente des divinités farouches ; le blanc, des divinités généreuses ; le jaune et le doré sont les couleurs symbolisant le bouddhisme et le royaume des Cieux. Les couleurs appliquées aux murs, aux tentures et aux éléments composants de la maison revêtent un sens de culte.

Les bannières de prières à l'entrée d'un village.

Dans les villages du Tibet, une « forêt de bannières blanches portant l'écriture sainte » et des pagodes sont généralement érigées à l'entrée et au centre du village, où les habitants pratiquent leurs activités religieuses quotidiennes. La méthode fondamentale de méditation du bouddhisme tibétain consiste à tourner le moulin à prières, dans le sens des aiguilles de la montre. Autour des pagodes bouddhiques, il y a toujours une rangée de moulins à prières. Une scène intéressante est que le moulin à prières tourne perpétuellent dans une cabane construite dans le ruisseau traversant le village, pour prier la paix et le

Les maisons sont en parfaite harmonie avec la nature.

bonheur des villageois

Le culte des divinités de la nature, comme celles de montagnes ou de cours d'eau, par les Tibétains, se manifeste aussi dans le choix de l'emplacement de leur maison et la manière de la construire. Prenons pour exemple le choix de l'emplacement de leur maison par les Luoba. Ils mettent trois groupes de grains à trois emplacements différents et les couvrent de feuilles d'arbres et de plaques de pierre avant le coucher du soleil, et chaque groupe comprend des grains de riz représentant respectivement le bœuf, le porc et le poulet, et autant de grains que le nombre des membres de la famille. Le lendemain, avant le lever du soleil, ils vont examiner ces grains de riz. Il est de mauvais augure si les grains sont déplacés ou que l'on voit des fourmis. Si les grains restent intacts, le choix de l'emplacement de la maison est bon et il convient de commencer une série de cérémonies sacrificielles pour la construction de la maison.

Adaptation aux conditions naturelles

Les habitations ne peuvent fournir des conditions d'existence plus ou moins bonnes que si elles sont adaptées aux conditions climatiques et géographiques du lieu.

Dans diverses régions du Tibet, la forme et la structure des habitations dépendent de l'environnement, des conditions climatiques, de l'état de l'agglomération,

Les maisons adaptées au milieu naturel dans un village de Tibétains.

du mode de vie, des matériaux de construction pris sur place et des techniques de construction. Elles sont aussi déterminées par les exigences des habitants envers leur habitat et leur capacité à s'adapter aux conditions naturelles. Ainsi au Tibet les habitations sont-elles les refuges physiques et moraux des hommes, fusionnés dans l'univers.

Les habitations du Tibet montrent leur adaptation au milieu naturel. La forme du toit reflète la pluviométrie du lieu, l'épaisseur des murs traduit l'écart de la température, le degré de l'ouverture de la maison fait savoir l'intensité du soleil et du vent, et les caractéristiques des conditions géographiques déterminent la topologie des maisons. Sur le haut plateau du Tibet, l'intérieur des maisons est disposé autour de l'âtre pour se créer un milieu aussi agréable que possible. L'élevage nomade, le labourage et la chasse sont les principaux moyens de production au Tibet. Les habitations doivent correspondre à ce mode de production et à ce mode de vie, et collent parfaitement au milieu naturel.

Les matériaux de construction sont pris sur place, et on cherche à utiliser ceux qui peuvent être obtenus de manière facile et économe. Les couleurs originelles des matériaux de construction—le jaune de la terre, le gris de la pierre et le brun foncé du bois—manifestent les relations intrinsèques entre les habitations et l'environnement naturel. Que ce soient la taille, les dimensions, la texture et la couleur des matériaux, les habitations manifestent au plus haut point leur caractère environnemental.

La majeure partie du Tibet est montagneuse, aride ou semi-aride. Les maisons fortifiées de pierre et les maisons au toit de pisé sont disséminées dans ces régions ensoleillées, où la température est très différente entre le jour et la nuit. Les murs épais, propices à conserver la chaleur, sont faits de terre et de pierre : ils sont maçonnés par des blocs de pierre, ou par des briques ou par des terres massées ou enfin par un mélange de terres et de cailloux. Sous les rayons de soleil et le ciel d'azur immaculé, les maisons fortifiées de pierre et les maisons au toit de pisé

Les maisons gardent la couleur naturelle de leurs matériaux de construction.

Les maisons semblent toucher au ciel.

paraissent en parfaite harmonie avec l'environnement, et leurs murs qui se rétrécissent de plus en plus vers le haut donnent une forte impression de l'élancement et un sens esthétique impétueux.

Dans le bassin du Yarlung Zangbo, au Tibet du Sud-Est, les forêts denses tapissent les vallées profondes, et le temps est chaud, humide et pluvieux. Les maisons en bois ou en bambou, au toit de pentes doubles, dorment en toute sérénité dans la forêt d'arbres et de bambou. Les graciles maisons en bois ou bambou sur pilotis sont construites sur les pentes ensoleillées, et le vent venant de la vallée leur emporte l'humidité et la lourdeur. Leur toit large protège les murs de l'érosion par la pluie. Les abondantes ressources forestières fournissent suffisamment de matériaux à la construction de maisons en bois sur pilotis ou aux murs de troncs d'arbres superposés, et aux toits en plaques de bois ou en feuilles de palmier. La préfecture

de Luoyu est une mer de bambou, et les habitants ont de quoi construire leurs maisons. Au Tibet du Sud-Est, l'immense verdure de la forêt et des bambous, inscrutée de coquettes maisons en bois ou en bambou, forment avec les nuages flottants et les sources un paysage naturel on ne peut plus ravissant.

Un tableau élégant et majestueux de la vie

Quel beau paysage sur le plateau du Tibet ! Un ciel d'azur foncé, des monts neigeux majestueux, des steppes immenses, des fleuves grondants et des lacs miroitants... Dans les forêts du Sud-Est, les vallées profondes sont couvertes d'arbres touffus, d'herbes et de fleurs multicolores, des sources limpides et des chutes d'eau donnent un autre type de paysage de beauté captivante.

La configuration, la ligne et la couleur du milieu naturel ont formé le caractère des groupes ethniques du Tibet et leurs sentiments. Leur croyance religieuse, leurs sentiments, leur idéal et leurs coutumes ont contribué à forger l'âme culturelle des groupes ethniques du Tibet. Les conditions naturelles et l'environnement culturel ont créé leur identité : adoration des monts et rivières, aspiration au royaume des Cieux, recherche de l'esprit et de la joie exaltées par le lamaïsme, respect du milieu naturel et recherche de la vie belle et paisible. Elégence et majesté sont deux termes propres à décrire les traits culturels et le sens esthétique de ces ethnies minoritaires. C'est la description vivace de leur vie sur le haut plateau.

Situées dans un milieu naturel et culturel aussi grandiose que mystérieux, les habitations du Tibet manifestent des formes à la fois nobles, élégantes et pleines de grâce.

Dans les villes, les bourgs et les villages, les silhouettes trapues et solides des maisons fortifiées en pierre et des maisons au toit en pisé, et leurs couleurs mates expriment la quiétude et la grandeur du milieu naturel, et forment avec l'immensité territoriale et l'idéal spirituel désintéressé un tableau magnifique de la vie.

On ne peut jamais oublier cet

Un village au district de Lang.

Un village au cœur des montagnes.

Un village blotti au sein de montagnes et de forêts.

environnement paisible et de beauté captivante où les silhouettes graciles des maisons en bois ou en bambou sur pilotis, incrustées dans l'immense verdure de la mer d'arbres et de bambou, et les champs en terrasses autour des villages d'où sortent des chants mélodieux et l'odeur enivrante de la liqueur d'orge, constituent un magnifique tableau de l'existence. L'âme tendre et généreuse fusionne là dans la nature splendide.

Ce tableau magnifique de la vie est décrit par un chant des Menba :

« O vagabonds !

Je reviens dans mon charmant pays natal,

Parce que je suis attiré par l'odeur enivrante de l'eau-de-vie.

Je ne veux plus quitter ma cabane en bois à Menyu

Je ne veux plus abandonner mon verre

Je ne veux plus être un vagabond errant ailleurs. »

Les habitations chinoises Cultural China Series